LE PETIT

CODE VOITURIN,

OU

PRÉCIS DES LOIS

RÉPUTÉES ENCORE EN VIGUEUR,

DE 1789 A 1828 EXCLUSIVEMENT,

CONCERNANT LES PROPRIÉTAIRES, ENTREPRENEURS ET CONDUCTEURS DE VOITURES PUBLIQUES ET DE ROULAGE,

Avec un Résumé des Décisions de la Jurisprudence sur les questions importantes que la rédaction du texte a fait naître;

PAR MM. VICTOR FONS, et CARRÈRE,
Avocat stagiaire à la Cour royale de Toulouse.

A TOULOUSE,
CHEZ JEAN-MATTHIEU DOULADOURE,
IMPRIMEUR-LIBRAIRE, RUE S.t-ROME, N.o 41.

1828.

Les formalités voulues par la loi ayant été remplies, tout exemplaire qui ne serait pas revêtu de la signature de l'un des auteurs, sera réputé le produit de la contrefaçon.

TABLE
DES MATIÈRES.

Pages.

Pages.

FIN DE LA TABLE DES MATIÈRES.

EXPLICATION

DES ABRÉVIATIONS EMPLOYÉES DANS LE PETIT CODE VOITURIN.

Cod. civ. *signifie*	Code civil.
C. com..........	Code de commerce.
C. pén..........	Code pénal.
Déc..............	Décret.
L..................	Loi.
Ord..............	Ordonnance royale.
Ord. C. d'ét.....	Ordonnance royale rendue en conseil d'état.
Déc. min. fin....	Décision du ministre des finances.
Déc. adm........	Décision du conseil d'administration des contributions indirectes.
Cass..............	Arrêt de la Cour de cassation infirmatif.
Cass. rejet.......	Arrêt de la Cour de cassation confirmatif ou de rejet.
Paris, Toulouse.	Arrêt de la Cour royale de Paris, de Toulouse.
P. Paris, ... P. Flandres...	Arrêt du parlement de Paris, de Flandres.
J. aud............	Journal des audiences du parlement de Paris.
S..................	Recueil général des lois et des arrêts, par M. Sirey.

D.................. Journal des audiences de la Cour de cassation et des Cours royales, par M. Dalloz, originairement par M. Dénevers.

Quant aux chiffres qui suivent ces deux dernières indications, le premier indique le tome ou recueil de l'année, le second, sa première ou deuxième partie, et le troisième, la page.

Ainsi : S. 1826, 1, 319, signifie Recueil général des lois et des arrêts par M. Sirey, tom. 26, ou recueil de l'année 1826, 1.re partie, pag. 319 ; — D. 1827, 2, 353, Journal des audiences, par M. Dalloz, recueil de l'année 1827, 2.e partie, pag. 353.

Pal................ Journal du palais.

Pal. vol. C. d'ét. Journal du palais, volume rapportant les ordonnances royales rendues en conseil d'état.

Tajan.............. Mémorial de jurisprudence des Cours royales, par M. Tajan.

Rec................ Recueil des lois et instructions de la régie.

Rép. Jur.......... Répertoire de jurisprudence de M. Merlin.

Q. de droit....... Les questions de droit du même jurisconsulte.

LE PETIT

CODE VOITURIN.

CHAPITRE PREMIER.

DES VOITURES PUBLIQUES.

SECTION PREMIÈRE.

Des Formalités à suivre et Conditions à remplir par ceux qui entreprennent des Voitures publiques pour le transport des personnes.

§ PREMIER.

De la Déclaration des Voitures publiques à destination fixe, devant l'Autorité administrative. — De la Vérification de ces Voitures.

N.° 1. Les propriétaires ou entrepreneurs de voitures publiques à destination fixe ont dû se présenter, dans la quinzaine de la publication de l'ordonnance royale du 27 septembre 1827 (1), dans le dé-

(1) La loi ne devient obligatoire que par la promulgation, résultant aujourd'hui de son inser-

partement de la Seine, devant le préfet de police, et dans les autres départemens, devant les préfets ou sous-préfets, pour faire la déclaration du nombre des places qu'elles contiennent, du lieu de leur destination, du jour et de l'heure de leur départ, de leur arrivée et de leur retour, à peine d'une amende de 50f, portée par l'art. 3, tit. 3 de la loi du 29 août 1790.

---

tion au *Bulletin des lois*. Ord. 27 novembre 1816, ainsi conçue :

« Art. 1.er A l'avenir, la promulgation des lois » et de nos ordonnances résultera de leur insertion » au Bulletin officiel.

» Art. 2. Elle sera réputée connue, conformé- » ment à l'art. 1.er du Code civil, un jour après » que le Bulletin des lois aura été reçu de l'impri- » merie royale, par notre chancelier, ministre de » la justice, lequel constatera sur un registre l'é- » poque de la réception.

» Art. 3. Les lois et ordonnances seront exécu- » toires, dans chacun des autres départemens du » royaume, après l'expiration du même délai, » augmenté d'autant de jours qu'il y aura de fois » dix myriamètres (environ vingt lieues anciennes) » entre la ville où la promulgation en aura été faite » et le chef-lieu de chaque département, suivant » le tableau annexé à l'arrêté du 25 thermidor an 11, » ou 13 juillet 1803, etc., etc. »

L'ordonnance royale du 27 septembre 1827 se trouve insérée dans le n.o 191 du Bulletin des lois, VIII.e série, et la réception de ce Bulletin au ministère de la justice est sous la date du 25 octobre 1827.

Toute nouvelle entreprise est soumise à la même déclaration.

Lorsqu'un propriétaire ou entrepreneur de voitures publiques augmente ou diminue le nombre de ses voitures, ou le nombre des places de chacune d'elles; lorsqu'il change le lieu de sa résidence, ou qu'il transfère son entreprise dans une autre commune, il doit en faire la déclaration préalable, ainsi qu'il a été dit ci-dessus. (Ord. 27 septembre 1827, art. 1.er; — Déc. 28 août 1808, art. 1.er; — Ord. 4 février 1820, art. 1.er)

2. Aussitôt après ces déclarations, les préfets ou sous-préfets ordonnent la visite desdites voitures par des experts nommés par eux, afin de constater si elles sont entièrement conformes à ce qui est prescrit par les dispositions ci-après, et si elles n'ont aucun vice de construction qui puisse occasionner des accidens.

Néanmoins les voitures actuellement (1) en construction, et qui seront présentées à l'examen des experts dans les trois

(1) Lors de la publication de l'ordonnance du 27 septembre 1827. *Voy.* la note sous le n.° 1.

mois de la publication de l'ordonnance précitée du 27 septembre 1827, ne seront pas assujetties aux dispositions prescrites par les art. 10, 13 et 16, ou n.os 2, 5 et 8 de l'art. 2 du § 2, qui suivent, pourvu cependant qu'elles soient construites suivant toutes les règles de l'art.

Aucune voiture ne peut être mise pour la première fois en circulation avant la délivrance de l'autorisation du préfet, rendue sur le rapport des experts.

Dans le cas où les voitures actuellement (1) en circulation seraient reconnues avoir dans leurs constructions des défectuosités assez graves pour amener des accidens, le préfet, après avoir entendu les experts, peut en défendre la circulation, jusqu'à ce que ces défectuosités aient été corrigées.

Les entrepreneurs ont, dans tous les cas, la faculté de nommer, de leur côté, un expert, qui opère contradictoirement avec ceux de l'administration.

Le préfet prononce au vu du rapport de ces experts.

---

(1) Lors de la publication de l'ordonnance du 27 septembre 1827. *Voy.* la note sous le n.o 1.

Les visites des voitures ne peuvent être faites qu'au principal établissement de chaque entreprise. (Ord. 27 septembre 1827, art. 2; — Ord. 4 février 1820, art. 2.)

3. Le préfet transmet au directeur des contributions indirectes copie, par extrait, des autorisations par lui accordées en vertu de la disposition précédente.

Les directeurs ne délivrent l'estampille prescrite par l'art. 117 de la loi du 25 mars 1817 (*voy.* le n.o 1, § 6), que sur le vu de cette autorisation, qu'ils inscrivent sur un registre. (Ord. 27 septembre 1827, art. 3.)

4. Chaque voiture doit porter, à l'extérieur, le nom du propriétaire ou de l'entrepreneur, et l'estampille délivrée par l'administration des impositions indirectes. (*Idem*, art. 4; — 4 février 1820, art. 3.)

5. Elle doit porter, dans l'intérieur, l'indication du nombre des places qu'elle contient, ainsi que le n.o et le prix de chaque place, du lieu du départ à celui de la destination. (Déc. 28 août 1808,

art. 3 ; — Ord. 4 février 1820, art. 4 ; — 27 septembre 1827, art. 5.)

La contravention à cette disposition rentre dans l'application générale de l'art. 475, § 4 du C. pén., et doit conséquemment être punie des peines portées par ledit article (1). Cass. 11 novemb. 1826, D. 1827, 1, 533.

§ II.

De la Construction et du Chargement des Voitures.

1. Les voitures publiques doivent être d'une construction solide, et pourvues de tout ce qui est nécessaire à la sûreté des voyageurs.

Les propriétaires ou entrepreneurs sont poursuivis à raison des accidens arrivés par leur négligence, sans préjudice de leur responsabilité civile, lorsque les accidens ont lieu par la faute ou la négligence de leurs préposés. (Ord. 27 septembre 1827, art. 8 ; — Ord. 4 février 1820, art. 9 et 10.) *Voy.* Chap. 9, n.os 2 et 3.

---

(1) *Voy.* Chap. 5, n. 1.

ART. 1.er

Dispositions de l'Ordonnance royale du 4 février 1820, relatives à la Construction et au Chargement des Voitures.

1. Les voitures ne peuvent avoir d'autres places extérieures, outre celles du cabriolet, que celles dites banquettes d'impériale de devant. (*Voy.* n.º 6 de l'art. 2.)

Les places des galeries situées derrière la caisse et au même niveau ne sont point considérées comme places extérieures, même quand elles ne sont fermées que par des rideaux.

Les voitures doivent avoir au moins 1 mètre 62 centimètres (5 pieds) de voie entre les jantes de la partie des roues posant sur le sol : la voie des roues de devant ne peut être moindre de 1 mètre 59 centimètres (4 pieds 11 pouces).

Les essieux doivent être en fer corroyé, et fermés à chaque extrémité d'un écrou, assujetti au moyen d'une clavette. (Ord. 4 février 1820, art. 9.)

2. Le poids des paquets, ballots ou autres fardeaux placés sur l'impériale peut être d'autant de fois 25 kilogrammes

(50 livres) qu'il y a de places dans les voitures à 4 roues. Ce poids est réduit à 10 kilogrammes (20 livres) par place pour les voitures à 2 roues. Jamais ce poids ne doit être dépassé. (*Idem*, art. 8.) Il est diminué d'un cinquième, lorsqu'il y a une banquette d'impériale. (*Id.* art. 9.) L'élévation de la charge ne peut être au plus que de 40 centimètres (15 pouces) sur les voitures à 4 roues, et de 27 centimètres (10 pouces) sur les voitures à 2 roues. (*Id.* art. 8.) *Voy.* l'art. 3, n.° unique.

L'art. 8 de l'ordonnance du 4 février 1820 contient deux dispositions distinctes et indépendantes l'une de l'autre; l'une qui fixe le poids du chargement, et l'autre qui en fixe l'élévation; la violation de chacune de ces dispositions constitue donc une contravention rentrant dans l'application du n.° 4 de l'art. 475 du Cod. pén., qui conséquemment soumet celui qui l'a commise aux peines de police portées par cet article. Cass. 9 septembre 1826, S. 1827, 1, 505. *Voy.* chap. 5, n.° 1.

ART. 2.

Dispositions de l'Ordonnance royale du 27 septembre 1827, relatives à la Construction et au Chargement des Voitures.

1. Les voitures publiques doivent avoir au moins 1 mètre 62 centimètres de voie entre la jante de la partie des roues posant sur le sol.

La voie des roues de devant ne peut être moindre, lorsque les voies sont inégales (1), de 1 mètre 59 centimètres. (Ord. 27 septembre 1827, art. 9.)

2. La distance entre les axes des deux essieux, dans les voitures publiques à 4 roues, ne peut être moindre de 2 mètres (toise — pieds — pouces — lignes — points / 1......... 0.......... 1.......... 10......... 7), lorsqu'elles ont deux ou trois essieux, ou deux caisses et un panier ; ni de 1 mètre 60 centimètres, lorsqu'elles n'ont qu'une caisse. (*Id.* art. 10.)

3. Les essieux doivent être en fer corroyé, et fermés à chaque extrémité d'un écrou assujetti d'une clavette.

Les voitures publiques doivent être constamment éclairées pendant la nuit, soit par une forte lanterne placée au milieu de la caisse de devant, soit par deux lanternes placées aux côtés. (*Idem*, art. 11.)

4. Toute voiture publique doit être munie d'une machine à enrayer, au moyen d'une vis de pression agissant sur les roues

---

(1) *Voy.* la note sous le n.° 2, sect. 1.re du chap. 2.

de derrière. Cette machine doit être construite de manière à pouvoir être manœuvrée de la place assignée au conducteur.

En outre de la machine à enrayer, les voitures publiques doivent être pourvues d'un sabot, qui est placé par le conducteur à chaque descente rapide. (*Idem*, art. 12.)

5. La partie des voitures publiques, appelée *la Berline*, doit être ouverte par deux portières latérales. La caisse, dite *le Coupé ou Cabriolet*, doit être également ouverte par deux portières latérales, à moins qu'elle ne s'ouvre par le devant. La caisse de derrière, dite *la Galerie ou la Rotonde*, pourra n'avoir qu'une portière ouverte à l'arrière. Chaque portière doit être garnie d'un marche-pied. (*Id.* art. 13.)

6. Il peut être placé sur l'impériale des voitures publiques une banquette destinée au conducteur et à deux voyageurs. Le siége de cette banquette est posé *immédiatement* (1) sur cette impériale.

---

(1) C'est-à-dire, immédiatement après la publication de l'ordonnance du 27 septembre 1827. *Voy.* la note sous le n.º 1 du § 1.er

Elle ne peut être recouverte que d'une capote flexible.

Aucun paquet ne peut être placé sur cette banquette. (*Id.* art. 14.)

7. Une vache en une ou plusieurs parties peut être placée sur l'impériale, en arrière de la banquette de l'impériale. Le fond de cette vache doit avoir, dans sa longueur et dans sa largeur, un centimètre de moins que l'impériale ; elle est recouverte par un couvercle incompressible, bombé dans son milieu.

Lorsqu'il y a sur le train de derrière d'une voiture publique un coffre, au lieu de galerie ou rotonde, il doit aussi être fermé par un couvercle incompressible. (*Id.* art. 15.)

8. Il ne peut être placé, ni autour de l'impériale, ni sur les parois ou le couvercle de la vache, ni sur la banquette, aucune boucle, crampon, anneau, courroie ou moyen quelconque d'attache. (*Id.* art. 16.)

9. Nulle voiture publique à 4 roues ne peut avoir, du sol au point le plus élevé du couvercle de la vache ou du coffre de derrière, plus de 2 mètres 93

centimètres (1), quelle que soit la hauteur des roues.

Nulle voiture publique à 2 roues ne peut avoir, entre les mêmes points, plus de 2 mètres 60 centimètres (2). (*Idem*, art. 17.)

10. Deux ans après la publication de l'ordonn. royale du 27 septembre 1827, aucune voiture publique à destination fixe, qui ne serait pas construite conformément à toutes les règles prescrites au présent article, ne pourra circuler dans toute l'étendue du royaume. (*Id.* art. 34.)

Art. 3.

Dispositions transitoires de l'Ordonnance du 27 septembre 1827.

1. Il est accordé six mois, à partir de la publication de cette ordonnance, pour opérer, sur les voitures actuellement (3) en service, le remplacement du panier, recouvert d'une bâche, par une vache

(1) Toise — pieds — pouces — lignes — points.
1.......... 3........... 0........... 2.......... 11.

(2) Toise — pieds — pouces — lignes — points.
1.......... 2. .... 0.......... 0.......... 7.

(3) Lors de la publication de l'ordonnance. *Voy.* la note sous le n.° 1 du § 1.er

fermée par un couvercle incompressible.

Dans le même délai, les mêmes voitures doivent être munies, indépendamment d'un sabot, d'une machine à enrayer, susceptible d'être manœuvrée de la place assignée au conducteur.

Les voitures actuellement en service peuvent continuer à circuler, quelle que soit la hauteur de leur impériale au-dessus du sol; mais la vache, qui, en exécution du 1.er § de la présente disposition, doit remplacer le panier recouvert d'une bâche, actuellement en usage, ne doit pas avoir plus de 66 (1) centimètres mesurés du fond de vache au point le plus élevé du couvercle. (Ord. 27 septembre 1827, art. 34.)

A l'expiration du délai accordé par cette disposition, aucune diligence ou messagerie ne pourra circuler, si la voie entre les jantes, *en la mesurant de la face intérieure de chacune des deux jantes*, n'a pas exactement la largeur déterminée par l'art. 9 de l'arrêté du gouvernement du 28 août 1808, par les ordonnances royales des 4 février 1820 et 27 sep-

---

(1) Pieds — pouces — lignes — points.
2.......... 0.......... 4.......... 7.

tembre 1827, et par les décisions ministérielles des 8 mai et 26 juin 1820, c'est-à-dire, au moins 1 mètre 62 centimètres (5 pieds) de voie entre les jantes de la partie des roues de derrière posant sur le sol, et 1 mètre 59 centimètres (4 pieds 11 pouces) entre les jantes des roues de devant. Décis. min. de l'intérieur. *Voy.* § 2, art. 1.er, n.o 1, et art. 2, n.o 1.

§ III.

De la Vérification de la Largeur des Bandes.

1. Les préposés aux ponts à bascule sont chargés de vérifier la largeur des bandes des roues. (Déc. 23 juin 1806, art. 19.) La vérification se fait de la manière indiquée au chap. 2, sect. 4, et il est accordé, lors de cette vérification, une tolérance d'un demi-centimètre (2 lignes 3 points) sur la largeur des bandes. (*Id.* art. 20.)

§ IV.

Du Poids des Voitures.

1. Deux ans après la promulgation de l'ordonnance du Roi, du 27 septembre 1827, le poids des voitures publiques, diligences et messageries, et des fourgons

allant en poste ou avec des relais, sera fixé, savoir :

Avec bandes de	8 centim.es	(1)	à	2,560 kilog.
Idem	de 11 *id.*	(2)	à	3,520
Idem	de 14 *id.*	(3)	à	4,000

Jusqu'alors ces poids peuvent être, ainsi qu'ils sont en ce moment, savoir :

Avec bandes de	8 centim.es	de	2,560 kilog.
Idem	de 11 *id.*	de	3,520
Idem	de 14 *id.*	de	4,480

(Ord. 27 septembre 1827, art. 18.)

2. Il est accordé une tolérance de 100 kilogr.es sur les chargemens fixés par la disposition précédente, au delà de laquelle les contraventions sont rigoureusement constatées et poursuivies conformément à la loi du 29 floréal an 10, et au décret du 23 juin 1806 (*id.* art. 19), ainsi qu'il suit :

Pour excès de chargement, toujours à partir de l'excédant de 100 kilogrammes de tolérance,

de 0	à	60 myriagram.es	25f
60	à	120	50
120	à	180	75
180	à	240	100
240	à	300	150
et au-dessus de		300	300.

(L. 29 floréal, art. 4; — Déc. 23 juin 1806,

(1) Pouces — lignes — points.

(1)	2	11	5.
(2)	4	0	9.
(3)	5	2	0.

art. 27 ; — Ord. 24 décembre 1814, art. 1.er) *Voy*. Chap. 2, sect. 6, n.o 5.

3. En conséquence, les employés aux ponts à bascule sont tenus, sous peine de destitution, de peser, au moins une fois par trimestre, une des voitures publiques par chaque route desservie.

En cas de contravention, ils en dressent procès-verbal, et il y est statué par le maire du lieu, et à Paris par le préfet de police, conformément aux tit. 7, 8 et 9 du décret précité du 23 juin 1806. *Voy*. Chap. 3, n.o 2 et suiv.

Ils tiennent registre de ces opérations, et il en est rendu compte, tous les mois, au ministre de l'intérieur. (Ordonn. 27 septembre 1827, art. 20 ; — 4 février 1820, art. 11.)

4. Les autorités civiles et militaires sont tenues de protéger les préposés, de leur prêter main-forte, de poursuivre et faire poursuivre, suivant la rigueur des lois, les auteurs et complices des violences commises envers eux ; et ce, tant sur la clameur publique que sur les procès-verbaux dressés par lesdits préposés, par eux affirmés, et remis par eux à la gen-

darmerie. (Ordonn. 27 septembre 1827, art. 21.)

5. Il est en conséquence ordonné à tout gendarme en fonctions de s'arrêter, dans sa tournée, à chaque pont à bascule qui se trouvera sur sa route, de recevoir les déclarations que les préposés auraient à lui faire, et de se charger des procès-verbaux des délits qui auraient été commis contre eux, pour les déposer au greffe. (*Id.* art. 22.)

6. Tout voiturier ou conducteur qui, pour éviter de passer au pont à bascule, se détournerait de la route qu'il parcourt, est tenu, sur la réquisition des préposés, de la gendarmerie ou autres agens qui surveillent le service des ponts à bascule, de conduire sa voiture pour être pesée sur ce pont à bascule. (*Id.* art. 23.)

7. Tout voiturier ou conducteur pris en contravention pour excédant du poids fixé par la disposition n.° 1 ci-dessus, ne peut continuer sa route qu'après avoir réalisé le payement des dommages et déchargé sa voiture de l'excédant du poids, qui aura été constaté; jusque-là, ses chevaux sont tenus en fourrière à ses

frais, ou il fournit caution. (*Id.* art. 24.) *Voy.* la note sous le n.° 6, sect. 6, chap. 2.

§ V.

De la Déclaration des Voitures publiques à la Régie des contributions indirectes. — De la Licence.

1. Indépendamment de la déclaration dont il a été parlé sous le § 1.er, les entrepreneurs de voitures publiques à service régulier, aussi-bien que les entrepreneurs de voitures partant d'occasion ou à volonté, doivent également faire une déclaration à l'administration des contributions indirectes.

Cette déclaration énonce l'espèce et le nombre des voitures, le nombre des places dans chaque voiture, dans l'intérieur et à l'extérieur, et de plus, si l'entreprise est à service régulier, le prix de chaque place, la route que chaque voiture doit parcourir, et les jours et heures des départs.

En cas de variation dans les jours et heures des départs, les entrepreneurs sont admis à rectifier leur déclaration, toutes les fois qu'il est nécessaire.

Si les voitures doivent faire un service d'occasion, les dernières indications ci-dessus sont remplacées par celle du genre de service auquel elles sont destinées. (L. 25 mars 1817, art. 115 et 116.)

Celui qui loue au public des voitures partant à volonté, est soumis aux droits, et ne peut être renvoyé des peines résultant du défaut de déclaration, sous le prétexte que l'état de loueur de voitures n'est pas compris dans la loi, et qu'elle n'oblige que les entrepreneurs. Arr. de la C. de Cass. du 18 décembre 1817, dans l'affaire Barillon, cité au tableau des contraventions et des peines en matière de contributions indirectes, par M. Girard, 2.e édit, pag. 55.

2. Les entrepreneurs de voitures publiques à service régulier doivent se munir d'une licence, qui doit être renouvelée tous les ans, et dont le prix est fixé à cinq francs par voiture à quatre roues, et à deux francs par voiture à deux roues. Les entrepreneurs de voitures partant d'occasion ou à volonté ne sont pas tenus au payement de la licence. (*Idem*, art. 115.)

Tout changement dans les heures de départ ou dans le prix des places est constaté par un acte au portatif des employés des contributions indirectes, et sans qu'il soit besoin d'une nouvelle déclaration. (Circ. n.o 17.)

Si la voiture change de couleur, il faut en faire la déclaration à la régie. En défaut, les employés pourraient dresser procès-verbal, en déclarant que la voiture trouvée n'est pas celle déclarée.

Le défaut de déclaration à la régie, ou une fausse déclaration du nombre et du prix des places, entraîne la confiscation des voitures, harnais, et une amende de 100 à 1000 f., dont le minimum, en cas de récidive, est de 500 f. (L. 9 vendémiaire an 6, art. 72; — L. 25 mars 1817, art. 122.)

Le défaut de licence donne lieu à l'application des mêmes peines. (Même art. de la loi du 25 mars.)

§ VI.

De l'Estampille et du Laissez-passer.

1. Avant que les voitures, déclarées de la manière dont il vient d'être dit, puissent être mises en circulation, il est apposé sur chacune d'elles, par les préposés de la régie, et après vérification, une estampille dont le coût, fixé à deux francs, doit être remboursé par les entrepreneurs. (L. 25 mars 1817, art. 117.)

Les estampilles qui deviennent hors d'usage doivent être retirées, à moins que les entrepreneurs ne consentent à ce que leur empreinte soit biffée. (Déc. adm., n.º 486.)

2. Les estampilles, apposées par les employés de la régie, ne peuvent être placées par les voituriers sur de nouvelles voitures, sans une déclaration préalable, auquel cas il n'est point dû de nouvelle licence. (L. 25 mars 1817, art. 117.)

Le déplacement, sans déclaration, des estampilles, pour les appliquer à de nouvelles voitures, est puni des peines portées par les art. 120 et 122 de la loi du 25 mars 1817.

L'estampille est une mesure de police; aussi la contravention, résultant du défaut d'estampille, peut-elle être constatée administrativement.

3. Il doit être délivré, à chaque entrepreneur de voitures publiques, toujours par les préposés de la régie, autant de *laissez-passer*, conformes à sa déclaration, qu'il aura de voitures en circulation.

Les conducteurs sont tenus d'en être toujours porteurs, et de les représenter, à toute réquisition, à tout préposé de la régie. (Déc. 14 fructidor an 12, art. 8; — L. 25 mars 1817, art. 117.)

4. Toute voiture publique qui circulerait sans estampille ou sans laissez-passer, ou avec un laissez-passer qui ne serait pas applicable, doit être saisie, ainsi que les chevaux et harnais. (L. 25 mars 1817, art. 120.) La contravention est en outre punie d'une amende de 100f à 1000f. En cas de récidive, l'amende est toujours de 500f au moins. (*Idem*, art. 122.)

Le laissez-passer est inapplicable, si le signalement qu'il indique n'est pas conforme à celui de la voiture, ou si la voiture circule sur une autre route que celle indiquée.

Il y aurait également lieu à saisir les voitures pour lesquelles on délivre des laissez-passer à chaque voyage, si elles circulaient avec des voyageurs, et un laissez-passer dont le délai serait expiré. (Circ., n.° 17, nouv. sér.)

Le *seul défaut* par les conducteurs de *représenter* les laissez-passer aux employés de la régie, *à l'instant* où ils leur en demandent la représentation, n'importe que cette demande soit faite par réquisition ou par invitation, donnerait lieu à l'application des peines de confiscation et d'amende. Peu importerait que quelques heures plus tard les conducteurs offrissent de représenter les laissez-passer aux employés. Cass. 6 avril 1821, S. 1821, 1, 243.

La contravention à la même disposition, qui impose aux conducteurs de voitures publiques l'obligation d'être toujours porteurs d'un laissez-passer, et d'un laissez-passer applicable à la voiture qu'ils conduisent, ne peut être excusée par des considérations de bonne foi, tirées de ce que le conducteur de la voiture saisie en contravention aurait, par une erreur involontaire, pris un laissez-passer pour un autre. En pareil cas, aucunes considérations ne sauraient dispenser les tribunaux d'appliquer la peine encourue. Cass. 10 décembre 1825, S. 1826, 1, 319; — D. 1826, 1, 147.

C'est en effet un principe constant, qu'en matière d'impôts indirects, l'existence du fait matériel de la contravention suffit pour obliger les juges d'y appliquer la peine déterminée par la loi. Ce n'est qu'à l'administration elle-même, seule autorisée par l'ordonnance du 3 janvier 1821 (*voy.* le § 8, n.° 6), à transiger sur les contraventions, qu'appartient le droit d'apprécier les circonstances du fait et sa moralité, et d'accorder ou de refuser, d'après cette appréciation, des remises sur les confiscations et amendes encourues.

S'il était légalement constaté qu'une voiture d'occasion et à volonté circulait, dépourvue d'estampille et de laissez-passer, l'entrepreneur, pour échapper à la peine résultant de la contravention, alléguerait vainement qu'il n'a reçu aucune rétribution de ceux qui occupaient des places dans sa voiture, et qu'ils y étaient *gratis*. Ce fait, même prouvé, n'est point de nature à le soustraire à l'application des peines de confiscation et d'amende portées par l'art. 122 de la loi du 25 mars 1817. Cass. 21 avril 1826. Pal. 1827, tom. 1, pag. 172; — D. 1826, 1, 353.

5. En cas de saisie de voitures en route, elles peuvent continuer leur voyage, au moyen d'une main-levée, qui en est donnée sous suffisante caution, ou même sous la condition juratoire de l'entrepreneur ou du conducteur.

Dans aucun cas, les employés ne peuvent arrêter les voitures, sur les grandes routes, ailleurs qu'aux entrées et sorties des villes ou aux relais. En cas de soupçon de fraude, ils ne peuvent faire leur vérification qu'à la première halte. (L. 25 mars 1817, art. 120.)

6. Lorsque les entrepreneurs suspendent le service d'une voiture pour la mettre en réparation, celle qu'ils y substituent doit également être déclarée, estampillée, et ne peut être d'une capacité excédante, sans acquitter les droits en

raison de l'excédant des places, dont il sera parlé ci-après (Déc. 14 fructidor an 12, art. 9; — L. 25 mars 1817, art. 117), sous les peines portées par l'art. 122 de cette dernière loi.

Pareillement, celui qui aurait déclaré et fait estampiller une voiture comme partant d'occasion, ne peut, sans remplir les mêmes formalités, en faire rouler une seconde, pendant que la première reste chez lui. Cass. 15 prairial an 13. S. 1807, 2, 1255. Dans le cas contraire, il serait passible des peines portées par l'art. 122 de la loi du 25 mars 1817.

§ VII.

Des Registres. — De leur tenue.

1. Les propriétaires et entrepreneurs de voitures publiques doivent tenir registre des noms et prénoms des voyageurs qu'ils transportent (Ord. 4 février 1820, art. 5; — 27 septembre 1827, art. 6), et dont ils sont autorisés à se faire déclarer la profession, ainsi que le lieu de leur domicile habituel. (Déc. 28 août 1808, art. 4.) Ils donnent extrait de cet enregistrement aux voyageurs, avec le n.° de leur place. (Ord. 4 février 1820, art. 5; — 27 septembre 1827, art. 6.) (1).

---

(1) Ceux qui voudront entrer dans les voitures

Le bulletin indiquant l'heure précise du départ, une fois délivré, les entrepreneurs seraient tenus de rembourser au voyageur les frais de poste ou de voyage que leur retard l'aurait forcé d'exposer, en le mettant, par exemple, à raison de circonstances majeures, dans la nécessité de prendre une voiture de poste pour suppléer à la diligence sur laquelle il avait le droit de compter. Telle est du moins la disposition d'un jugement du tribunal de commerce de Lyon du 16 mai 1826, rapporté au Journal de Jurisprudence commerciale, tom. 1, pag. 16.

2. Les entrepreneurs sont également tenus d'enregistrer, jour par jour, l'argent, les ballots, malles et paquets dont le transport leur est confié (Déc. 14 fructidor an 12, art. 3; — Code civ., art. 1785; — Ordonn. 4 février 1820, art. 5; — 27 septemb. 1827, art. 6) (1), ainsi que le prix des places, la nature, le poids et le prix du transport des paquets

---

de la régie, seront tenus de faire enregistrer leurs noms à l'avance au bureau du départ, et de payer les arrhes ordinaires de moitié du prix total de la place; ces arrhes seront perdues pour eux s'ils ne se trouvent point à l'heure indiquée pour le départ de la voiture. L'ordre des places sera fixé par celui de l'enregistrement. (L. 24 juillet 1793, art. 65.)

(1) Les ballots et paquets seront enregistrés, après avoir été pesés et numérotés, en présence de ceux qui les apporteront. Les paquets partiront par ordre de numéros. (L. 24 juillet 1793, art. 54.)

et marchandises. (Déc. 14 fructidor an 12, art. 3.) (1).

Le défaut de registre ou défaut d'y porter les objets et les indications qui doivent y être inscrits, donne lieu à l'application des peines portées par l'art. 122 de la loi du 25 mars 1817. Il y a lieu en outre au paiement des droits fraudés.

3. Les registres doivent être sur papier timbré, cotés et paraphés (Déc. 14 fructidor an 12, art. 3; — Ord. 4 février 1820, art. 5; — 27 septembre 1827, art. 6) par le maire (Ord. 27 septembre 1827, art. 6); en outre, ils doivent être visés des préposés de la régie. (Déc. 14 fructidor an 12, art. 3.)

4. Les voitures dont il est parlé sous le n.° 4, sect. 2, sont affranchies de l'obligation de tenir des registres. (*Idem.*)

§ VIII.

Circulation des Voitures publiques.

1. Il est défendu d'admettre dans les

---

(1) Il sera absolument nécessaire d'affranchir les volailles, gibiers et comestibles de toute espèce, et généralement tous les objets susceptibles de dépérissement et de corruption par laps de temps. Il en sera de même de tous les objets dont la valeur réelle ne pourra équivaloir les frais de transport. (L. 24 juillet 1793, art. 55.)

voitures un plus grand nombre de voyageurs que celui que portent les déclarations ci-dessus. (Déc. 28 août 1808, art. 6; — Ord. 24 décemb. 1814, art. 2; — 4 février 1820, art. 7; — 27 septembre 1827, art. 5.)

Les contraventions à cette disposition ne peuvent être excusées sous le prétexte d'un abonnement avec la régie (1), arr. de la C. de Cass. du 11 mai 1810, Mém. tom. 6, pag. 631, ni sous prétexte que les personnes admises en plus, par exemple, des enfans, le propriétaire de la voiture, ou ses domestiques, ne payaient pas leurs places. Cass. 15 octobre 1819. S. 1820, 1, 91. — Il ne peut même y avoir exception, lorsque la personne, qui excéderait le nombre des voyageurs, serait attachée à l'entreprise à titre d'inspecteur. Déc. Adm. n.º 415. — Dès-lors, il y a lieu à la condamnation aux peines établies par l'art. 122 de la loi du 25 mars 1817. Cass. arr. du 15 octobre cité plus haut. *Voy.* la 3.e note sous le n.º 2 du § 5.

Doit-il être fait application de ce même art. 122 dans le cas où il serait constaté que des voitures publiques auraient reçu et porté, sur les places dites *banquettes d'impériale*, un plus grand nombre de voyageurs que celui permis par l'ordonnance (2); et serait-ce en vain que l'entrepreneur contrevenant invoquerait l'art. 475 du Cod. pén., qui prononce une amende de 6 f. à 10 f. contre ceux qui ont violé les réglemens sur le chargement, la rapidité ou la mauvaise direction des voitures?

A suivre la jurisprudence de la cour royale de Bordeaux, établie par quatre arrêts consécutifs,

(1) *Voy.* sect. 2, n.º 10.

(2) *Voy.* § 2, art. 2, n.º 6.

dont le dernier, connu sous la date du 2 février 1826, est rapporté au Mémorial de M. Tajan, tom. 13, pag. 234, il faudrait répondre pour l'affirmative : mais cette jurisprudence ne nous paraît pas conforme aux principes de la matière. Les places d'*impériale* étant affranchies du payement du dixième, ainsi que l'a jugé la cour de cassation (*Voy. ci-après*, sect. 2, n.º 2), l'administration des impôts indirects, pour qui seule ont été rendues les dispositions pénales de la loi du 25 mars 1817, ne saurait avoir aucun intérêt dans l'application des peines encourues par la contravention dont il s'agit. Dès-lors, l'art. 475 du Cod. pén. est seul applicable. Il doit en être de même, toutes les fois que les contraventions, à la disposition tracée sous le n.º 1 ci-dessus, sont constatées, et les poursuites nécessaires à leur répression exercées seulement par les officiers de police. Cass. 10 juin 1826; — D. 1826, 1, 384. *Voy*. aussi l'arrêt de la C. de Cass. du 11 novembre 1826; — D. 1827, 1, 333.

2. Les entrepreneurs doivent remettre à leurs conducteurs, postillons ou voituriers, au moment de leur départ, une feuille de route, vulgairement appelée *feuille de passe ou de chargement*, portant le n.º de l'estampille de la voiture, le nom de l'entrepreneur et celui du conducteur, ainsi que le nombre des places de la voiture; cette feuille, certifiée de l'entrepreneur ou d'un de ses commis, doit présenter littéralement, article par article, les enregistremens, ainsi que le prix des places et du port des

objets portés au registre. (Déc. 14 fructidor an 12, art. 5; — Ord. 27 septemb. 1827, art. 7.)

Le tout sous les peines prononcées par l'art. 122 de la loi du 25 mars 1817.

3. Les conducteurs ne peuvent prendre en route aucun voyageur, ni recevoir aucun paquet, sans en faire mention sur leur feuille. (Déc. 14 fructidor an 12, art. 5; — Ord. 4 février 1820, art. 6; — 27 septembre 1827, art. 7.) Le tout doit être reporté au registre du bureau d'arrivée. (Déc. *idem.*)

Sous les mêmes peines.

4. Les préposés sont autorisés à assister aux chargemens et déchargemens des voitures, tant aux lieux de départ et d'arrivée que dans le cours de la route, à viser les registres et feuilles de route; à en vérifier l'exactitude, à en prendre copie, et à dresser procès-verbal de toutes contraventions. (*Id.* art. 6.)

Le refus de représenter aux employés la feuille de route, de leur en laisser prendre copie, et de leur permettre d'assister au chargement et déchargement des voitures, est puni d'une amende de 100 f. à 1000 f., dont le minimum en cas de récidive est de 500 f., en conformité de l'art. 122 de la loi du 25 mars 1817.

5. Tout emploi de faux registres et de fausses feuilles, ou de faux enregistremens, est constaté par procès-verbal pour poursuivre les contrevenans, qui sont condamnés à l'amende de 100f à 1000f, dont le minimum, en cas de récidive, est toujours de 500f, sans préjudice des poursuites extraordinaires pour crime de faux, suivant le cas. (Déc. 14 fructidor an 12, art. 10; — L. 25 mars 1817, art. 122.)

6. Les peines pécuniaires ne peuvent être remises, ni modérées, si ce n'est par transaction, en conformité de l'art. 10 de l'ordonn. du Roi, du 3 janvier 1821.

Cet article porte : « Dans les affaires résultant des procès-verbaux de saisie et de contravention, les transactions seront définitives. :

1.º Par le consentement des directeurs d'arrondissement, lorsque les condamnations, confiscations ou amendes ne pourront s'élever à une valeur de plus de 500f;

2.º Avec l'approbation du directeur général, lorsque lesdites condamnations pourront s'élever de 500f à 3000f;

3.° Par l'approbation du ministre des finances, lorsqu'il y aura eu dissentiment entre le directeur général et le conseil d'administration, et, dans tous les cas, lorsque le montant des condamnations excédera 3000f. »

7. En cas de résistance, voies de fait ou insultes de la part des conducteurs, postillons et voituriers, il y a lieu à l'application des peines portées en l'art. 122 de la loi du 25 mars 1817.

En cas de voies de fait, il en est dressé procès-verbal, qui est envoyé au procureur du Roi de l'arrondissement, pour en poursuivre les auteurs, et leur faire infliger les peines portées par le Code pénal contre ceux qui s'opposent avec violence à l'exercice des fonctions publiques. (Déc. 14 fructidor an 12, art. 11; — L. 27 frimaire an 8, art. 15; — L. 25 mars 1817, art. 121.)

8. Tout entrepreneur de voitures publiques suspendues extérieurement ou intérieurement, partant d'occasion ou à volonté, *et marchant à petites journées*, (*voy*. le n.° 6, sect. 3), est tenu de se munir d'un certificat de route, qui lui

est délivré sans frais et sur l'exhibition du laissez-passer, dont il doit être porteur, par le maître de poste du lieu du départ, ou par celui qui en est le plus voisin, dans le cas où il n'y a pas de relais. (Réglement, 21 novembre 1817, art. 1.er)

9. Le maître de poste ne peut sous aucun prétexte refuser ce certificat, sur l'exhibition d'un laissez-passer. (*Idem*, art. 2.)

10. Tout entrepreneur de voitures partant d'occasion ou à volonté, est tenu de faire viser son certificat de route au premier relais à partir du lieu de départ, comme aussi de le représenter aux maîtres de poste des routes qu'il parcourt, sur leur simple réquisition; et en cas de refus, il est censé voyager à grandes journées, et passible des dispositions énoncées dans l'ordonnance du 3 août 1817. (*Id.* art. 3.) *Voy.* le n.o 6 de la sect. 3.)

11. Sont exceptées de cette disposition les petites voitures faisant habituellement le service des environs des grandes villes, lorsqu'elles ne dépassent pas leur desti-

nation ordinaire, ainsi que celles des entrepreneurs de messageries, qui font *un service régulier*. (*Id.* art. 4.)

§ IX.

Du Mode de conduite des Voitures publiques.

1. Toute voiture publique, attelée de quatre chevaux et plus, doit être conduite par deux postillons, ou par un cocher et un postillon.

L'obligation imposée par cet article de l'ordonnance du 27 septembre 1827, ne sera *rigoureuse* que six mois après la promulgation de ladite ordonnance. Décision du Roi. *Voy.* la note sous le n.o 1 du § 1.er

Peuvent néanmoins être conduites par un seul cocher ou postillon, les voitures publiques attelées de cinq chevaux au plus, lorsqu'aucune partie de leur chargement n'est placée dans la partie supérieure de la voiture, et qu'il est en totalité placé, soit dans un coffre à l'arrière, soit en contre-bas des caisses, et lorsqu'en outre le conducteur seul a place sur l'impériale. (Ord. 27 septemb. 1827, art. 25.)

2. Les voitures dites des environs de Paris, qui se rendent dans les lieux déterminés par le préfet de police, peuvent

être conduites par un seul homme, quoique attelées de quatre chevaux; au delà de ce nombre de chevaux, elles doivent être conduites par deux hommes.

Ces voitures ne sont pas assujetties à avoir une vache fermée sur l'impériale, et elles peuvent continuer à se servir d'un panier recouvert d'une bâche, sans néanmoins que la hauteur de l'impériale, mesurée au-dessus du sol, puisse dépasser deux mètres 33 centimètres (toise — pied — pouces — lignes — points. 1......... 1......... 2......... 0......... 10) (*Idem*, art. 26.)

3. Les postillons ne peuvent sous aucun prétexte descendre de leurs chevaux. Il leur est expressément défendu de conduire les voitures au galop sur les routes, et autrement qu'au petit trot dans les villes ou communes rurales, et au pas dans les rues étroites. (Ord. 4 février 1820, art. 10; — 27 septembre 1827, art. 27.)

§ X.

De la Police des relais et des Postillons.

1. Tout entrepreneur ou propriétaire de voitures publiques, qui ne sont pas

conduites par les maîtres de postes, a dû, un mois après la publication de l'ordonnance du 27 septembre 1827, faire, à Paris, à la préfecture de police, et à la préfecture de chaque département où ses relais sont établis, la déclaration des lieux où ils sont placés et du nom de l'entrepreneur, ou si les chevaux lui appartiennent, du préposé à chaque relais.

Toutes les fois que cet entrepreneur ou ce préposé change, la déclaration doit en être également faite aux mêmes autorités. (Ord. 27 septembre 1827, art. 28.)

2. A Paris, le préfet de police, et, dans les départemens, le maire de la commune où le relais est placé, prévenu par le préfet du département, surveille la tenue du relais, sous le rapport de la sûreté des voyageurs. (*Id.* art. 29.)

3. Tout chef d'un bureau du départ et d'arrivée d'une voiture publique, tout entrepreneur ou préposé à un relais, doit tenir un registre coté et paraphé par le maire, dans lequel les voyageurs peuvent inscrire les plaintes qu'ils auraient à former contre les postillons, pour tout ce qui concerne la conduite de la voiture.

Ce registre leur est présenté à toute réquisition.

Les maîtres de poste qui conduisent des voitures publiques, doivent présenter aux voyageurs, qui le requièrent, le registre qu'ils sont obligés de tenir d'après le réglement des postes. (*Id.* art. 30.) (1).

4. La conduite des voitures publiques ne peut être confiée qu'à des hommes pourvus de livrets, délivrés par le maire de la commune de leur domicile, sur une attestation de bonnes vie et mœurs, et de capacité à conduire. Ces hommes doivent être âgés au moins de seize ans accomplis. (*Id.* art. 31; — Ord. 4 février 1820, art. 10.)

Le défaut de livret constitue une contravention de police, soumise aux peines de l'art. 475, n.° 4 du Cod. pén. Cass. rejet, 9 septembre 1826; — D. 1827, 1, 19.

5. Aussitôt qu'un entrepreneur de relais ou un préposé aux relais qui appartiennent à un entrepreneur de voitures publiques, reçoit un cocher ou un postillon, il doit déposer son livret chez le

---

(1) *Voy.* l'art. 10 du règlement d'ordre et de police du 1.er prairial an 7.

maire de la commune, lequel vérifie si aucune note défavorable, et de nature à le faire douter de la capacité du postillon, n'y est inscrite.

Dans ce cas, il en réfère au préfet, et en attendant sa décision, le postillon ne peut être admis. (Ord. 27 septembre 1827, art. 31.)

6. Lorsqu'un cocher ou un postillon quitte un relais, l'entrepreneur du relais, ou le préposé, vient reprendre le livret, et y inscrit, en présence du maire et du postillon, les notes propres à faire connaître la conduite et la capacité de ce dernier. Le maire peut, s'il le juge convenable, y inscrire ses propres observations sur la conduite du postillon relativement à son état. (*Id.* art. 32.)

7. Au moment où l'on se prépare à relayer, l'entrepreneur du relais, ou le préposé, est tenu, sous sa responsabilité, de s'assurer par lui-même si les postillons en rang de départ ne sont point en état d'ivresse. (*Id.* art. 33.)

§ XI.

Dispositions générales.

1. Conformément aux dispositions de l'art. 16 du décret du 28 août 1808, et de l'art. 12 de l'ordonnance du 4 février 1820, les rouliers, voituriers, charretiers continuent à être tenus de céder la moitié du pavé aux voitures des voyageurs, sous les peines portées par l'art. 475, n.o 3 du Cod. pén. (Ordonn. 15 mai 1822, art. 1.er; — 27 septemb. 1827, art. 35.)

2. Les conducteurs de voitures publiques ou les postillons doivent faire, en cas de contravention, leurs déclarations à l'officier de police du lieu le plus voisin, en faisant connaître le nom du roulier ou voiturier d'après la plaque; et les procureurs du Roi sont tenus de poursuivre les délinquans. (Ord. 27 septembre 1827, art. 36; — 4 février 1820, art. 12.)

3. Les dispositions de l'ordonnance du 27 septembre 1827 doivent être constamment affichées, à la diligence des entrepreneurs, dans le lieu le plus apparent de tout bureau de voitures publi-

ques, soit du lieu du départ, soit du lieu d'arrivée ou de relais.

Les art. 5, 6, 7, 8, 18, 19, 20, 23, 24, 25, 27 et 30 (1) de cette ordonnance doivent être réimprimés à part, et constamment affichés dans l'intérieur de chacune des caisses de voitures publiques. (Ord. 27 septembre 1827, art. 37.)

4. Les préfets, sous-préfets, les procureurs généraux et ordinaires, les maires et adjoints, la gendarmerie, et tous les officiers de police, sont chargés spécialement de veiller à l'exécution des dispositions ci-dessus, *contenant des mesures de police,* de constater les contraventions, et d'exercer les poursuites nécessaires à leur répression. (*Id.* art. 38.)

Les gardes champêtres ne sont point compris sous la désignation d'*officiers de police*, en ce sens qu'ils n'ont point qualité pour dresser des procès-verbaux, constatant des contraventions aux lois et réglemens sur les voitures publiques. Bordeaux, 2 février 1826, Tajan, tom. 13, pag. 254.

Et en effet, d'après l'art. 16 du Cod. d'instruct. crim., les gardes champêtres, ainsi que les gardes forestiers, n'ont le caractère d'officiers de police, que pour constater les délits et les contraventions

---

(1) *Voy.* sect. 1.re, § 1, n.o 5; — § 2, n.o 1; — § 4. n.os 1, 2, 5, 6, 7; — § 7, n.os 1, 2, 5; — § 8, n.o 5; — § 9, n.os 1, 5; — § 10, n.o 5.

de police qui portent atteinte *aux propriétés rurales et forestières.*

Les procès-verbaux des gendarmes, constatant des contraventions aux réglemens sur le chargement des voitures publiques, font foi jusqu'à preuve contraire, conformément à l'art. 154 du Cod. d'inst. crim. La loi ne les assujettissant à aucunes formes particulières, ils ne peuvent être annullés sous prétexte d'omissions de formes. Cass. 8 avril 1825, S. 1826, 1, 253, notamment pour irrégularités dans l'affirmation. Cass. 11 mars 1825, S. 1826, 1, 25. *Voy.* aussi Sirey 1814, 1, 9.

5. Les dispositions de l'ordonnance du 27 septembre 1827 ne sont pas applicables aux voitures malles-postes destinées au transport de la correspondance du gouvernement et du public, la forme, les dimensions et le chargement de ces voitures étant déterminés par des réglemens particuliers soumis à l'approbation du Roi. (Ord. 27 septemb. 1827, art. 39.)

SECTION II.

Droits à payer au Trésor par les Entrepreneurs de Voitures publiques pour le transport des personnes et des marchandises.

1. Les entrepreneurs de voitures publiques de terre à service régulier, sont tenus de verser, au profit du trésor pu-

blic, dans la caisse du receveur des contributions indirectes, un dixième du prix des places, et du prix reçu pour le transport des marchandises (L. 9 vendémiaire an 6, art. 68; — 5 ventôse an 12, art. 75; — 14 fructidor an 12, art. 1.er; — 25 mars 1817, art. 112), sous la déduction d'un tiers du prix total des places, pour tenir lieu d'indemnité pour les places vides que peuvent éprouver les susdites voitures. (L. 17 juillet 1819, art. 4.)

2. Sont considérées comme voitures à service régulier toutes les voitures qui font le service d'une même route ou d'une ville à une autre, lors même que les jours et heures des départs varieraient. (L. 25 mars 1817, art. 112.)

Les entrepreneurs de voitures publiques à destination fixe, doivent le dixième du prix des places, non-seulement pour le voyage, mais encore pour le retour Cass. 14 et 28 brumaire, 26 frimaire et 19 messidor an 13, Répert. Jurisp. *V.*° Voiturier, § 1, n.° 9; — S. 1807, 2, 1256. Le retour fait partie du produit de l'entreprise. Il y a même motif pour le décider ainsi à l'égard du dixième du prix du transport des marchandises.

Pour que les voitures à destination fixe soient sujettes au dixième du prix des places, il n'est pas nécessaire qu'elles soient suspendues. Cass. 13 vendémiaire an 10, S. 1807, 2, 1252.

Le droit du dixième du prix des places des voitures publiques, n'est pas exigible sur les places dites *banquettes d'impériale*. Cass. 13 août 1823, S. 1824, 1, 41.

3. Les entrepreneurs particuliers de voitures à service régulier, qui sont chargés du transport des dépêches en vertu de traités avec l'administration des postes, ne peuvent prétendre à une plus forte déduction sur le dixième du prix des places que les autres entrepreneurs. L'art. 114 de la loi du 25 mars 1817, qui avait fixé à la moitié en leur faveur la remise pour places vides, a été abrogé par l'art. 4 de la loi du 17 juillet 1819, qui a replacé les entrepreneurs particuliers de ce service dans les termes du droit commun.

4. Ne sont pas assujetties au droit du dixième du prix des places, 1.° les voitures qui ne portent pas des voyageurs ; 2.° celles restant sur place ou purement de louage, et qui partent indifféremment à quelque jour et quelque heure et pour quelque lieu que ce soit, sur la réquisition des voyageurs. (Déc. 14 fructidor an 12, art. 2.) *Voy*. le n.° 11.

5. Les voitures appartenant à des en-

trepreneurs de voitures publiques, telles que les fourgons qui suivent les diligences, et qui ne transportent que des marchandises, sont affranchies du droit du dixième du prix des transports. (Avis du C. d'ét. du 1.er complémentaire an 13; S. 1807, 2, 1259.)

6. Pareillement, les entrepreneurs de voitures partant d'occasion ou à volonté, qui ne sont assujettis qu'à un droit fixe pour les voyageurs qu'ils conduisent dans leurs voitures, ne doivent pas payer le droit du dixième du prix du transport des effets et marchandises. (*Idem.*)

7. Le montant des droits dus par les entrepreneurs, pour les voitures à service régulier, s'établit, pour le dixième du prix des places, d'après la déclaration, et pour le dixième du prix du transport des effets et marchandises, sur le vu des registres que doivent tenir les entrepreneurs, et des feuilles remises aux conducteurs. (L. 25 mars 1817, art. 118.) A cet effet, les entrepreneurs ou leurs commis doivent communiquer, sans déplacement, aux préposés de la régie, et à toute réquisition, non-seulement les

registres d'enregistrement journalier, mais encore toute espèce de registres de contrôle et de recette qu'ils auraient établis dans leur manutention. (Déc. 14 fructidor an 12, art. 4.)

Le refus de représenter ces registres, à toute réquisition des employés, donne lieu à l'application de l'art. 122 de la loi du 25 mars 1817.

8. Sont considérés comme marchandises sujettes au droit du dixième, tous les objets qui donnent lieu à une perception au profit de l'entreprise (Déc. 14 fructidor an 12, art. 4; — Avis du Cons. d'ét. précité), et l'on doit comprendre dans cette définition les effets des voyageurs, autres que ceux auxquels *il est d'usage* d'accorder les transports *gratis*, les comestibles que l'on envoie pendant l'hiver par les voitures publiques, l'argent du trésor public, de la banque de France et du commerce, les ballots de papiers et impressions des différentes administrations, les sacs de procédure qui sont transportés d'un greffe à l'autre. (Avis du Cons. d'ét. précité.)

Les objets que les entrepreneurs prétendraient transporter *gratis*, n'en sont pas moins soumis aux droits du dixième du prix du transport, établi au taux ordinaire fixé par l'entrepreneur. (Circ. n.° 14, Rec. tom. 1, pag. 352.)

9. Le paiement du montant du droit du dixième, sauf la déduction légale, peut être exigé tous les dix jours. (L. 25 mars 1817, art. 118.)

10. Il peut être consenti des abonnemens pour les voitures de terre à service régulier. Ces abonnemens ont pour unique base les recettes présumées de l'entreprise, pour le prix des places et le transport des marchandises. (*Id.* art. 119.)

11. Tout entrepreneur de voitures publiques suspendues ou non suspendues, partant d'occasion ou à volonté, est tenu de payer, chaque année, pour tenir lieu du dixième imposé sur les voitures à service régulier, savoir :

	roues	places	
Pour une voiture	à 2 roues	à 2 places	40f
	2........	4.........	70
	2........	6.........	90
	2........	8.........	120
	2........	9.........	140
	4........	4.........	80
	4........	6.........	100
	4........	8.........	130
	4........	9.........	150.

(*Id.* art. 113.)

12. Ce droit est exigible par trimestre et d'avance. Il est toujours dû pour un trimestre entier, à quelque époque que

commence ou cesse le service. (*Idem*, art. 118.)

Les carrosses de remise, les fiacres, les cabriolets de louage qui circulent dans Paris, ainsi que dans les autres villes, sont soumis à la taxe ordinaire dont il vient d'être parlé. On regarde les remises, les fiacres et les cabriolets de louage, comme des voitures partant d'occasion et à volonté, puisqu'elles sont à la disposition de tous ceux qui veulent s'en servir, à tels jour et heure qu'il leur plaît, au prix à fixer entr'eux et l'entrepreneur. Cass. 18 prairial an 10, Répert. Jurisp. *V.*° VOITURIER; — 24 nivôse an 13, S. 1820, 1, 511; 11 août 1806, S. 1806, 2, 735.

Si les selliers-carrossiers louent des voitures à des particuliers qui voyagent pour leur propre compte, et qui ne font point la profession de transporter des voyageurs à prix convenu, ils ne sont sujets à aucune des obligations de la loi sur les voitures publiques; mais ils y deviennent assujettis s'ils louent leurs voitures à des entrepreneurs qui, ayant des chevaux, soit en propre, soit d'emprunt ou de louage, transportent, avec lesdites voitures, des voyageurs à prix d'argent. (Déc. min. fin. 30 fructidor an 13, Rec. tom. 1, pag. 368.)

Un loueur de chevaux, qui conduit une voiture particulière, n'est pas soumis aux droits. (Déc. adm., n.° 444.)

13. Il est perçu, en sus des droits dont est question en la présente section, un décime par franc pour contribution de guerre. (L. 28 avril 1816, art. 232; — L. 25 mars 1817, art. 123.)

SECTION III.

Droits des Maîtres de poste, à l'égard des Entrepreneurs de Voitures publiques et de Messageries qui n'emploient pas leurs chevaux.

1. Tout entrepreneur de voitures publiques et de messageries qui ne se sert pas de chevaux de poste, est tenu de payer, par poste, et par cheval attelé à chacune de ses voitures, 25 centimes au maître du relais dont il n'emploie pas les chevaux. (L. 15 ventôse an 13, art. 1.er)

Encore que dans le trajet il ne parcoure pas une distance de dix lieues (voyez le n.o 6) sur une route de poste. Cass. 2 juin 1827, S. 1827, 1, 558.

2. Ce droit de 25 centimes est perçu pour les distances de faveur accordées au maître de poste, comme pour les distances réelles. (Déc. 10 brumaire an 14, art. 3.)

3. Sont considérées comme voitures donnant ouverture au droit de 25 centimes, celles qui ont des siéges à ressort dans l'intérieur. (Déc. 6 juillet 1806 art. 6.)

4. Tous les contrevenans sont poursuivis devant les tribunaux de police correctionnelle, et condamnés à une amende de 500f, dont moitié au profit des maîtres de poste intéressés, et moitié à la disposition de l'administration des postes. (L. 15 ventôse an 13, art. 2.)

5. Sont affranchis du paiement du droit de 25 centimes les loueurs allant à petites journées et avec les mêmes chevaux, les voitures de place allant également avec les mêmes chevaux et partant à volonté, et les voitures non suspendues. (*Id.* art. 1.er)

La même exemption s'étend, dans les mêmes cas, aux voitures suspendues, partant seulement d'occasion, Rouen, 19 novembre 1816, S. 1817, 2, 359; aussi-bien qu'aux entrepreneurs de voitures publiques, partant à jour et heure fixes et pour des lieux déterminés, lorsque leurs voitures voyagent *à petites journées, sans relayer, et sans verser dans d'autres voitures* leurs voyageurs (1). Nancy, 26 juillet 1823, et Cass. rejet 2 avril 1824, S. 1824, 1, 219. La Cour de Nancy a pensé que ces entrepreneurs étaient compris sous l'expression *loueurs* de voitures, employée dans l'art. 1, § 1 de la loi du 15 ventôse an 13.

6. L'étendue de la distance que l'on peut parcourir dans les vingt-quatre

(1) *Voy.* le n.o 11.

heures, en marchant à petites journées, est fixée à dix lieues de poste.

En conséquence, tout entrepreneur de messageries, loueur de chevaux et voiturier, qui parcourt, dans les vingt-quatre heures, un espace de plus de dix lieues de poste, est réputé marcher à grandes journées, et comme tel obligé de payer aux maîtres de poste l'indemnité de 25 centimes; en cas de contravention, il encourt la condamnation à l'amende prononcée par l'art. 1.er de la loi du 15 ventôse sus relaté. (Ord. 13 août 1817, art. 1.er)

Peu importe qu'il ne relaye pas, et qu'il n'y ait point versement des voyageurs dans d'autres voitures à de certaines distances. Cass. reject, 27 janvier 1809, S. 1809, 1, 107 et Répert. Jurisp. *V.o* VOITURIER. *Voy.* le n.o 11.

Le chemin fait en revenant au lieu du départ originaire ne doit pas être calculé dans la journée de voyage. L'ordonnance du 13 août a fixé à dix lieues de poste l'*étendue de la distance* que l'on peut parcourir dans 24 heures, en marchant à petites journées; ce qui exclut nécessairement le retour dans le calcul de la distance parcourue, puisqu'il a lieu dans le même rayon du départ. Arr. de Nancy et de Cass. cités plus haut.

7. Par voitures *non suspendues*, on doit entendre celles dont la caisse est entièrement adhérente au train et au

brancard, et n'est susceptible d'aucun jeu ni balancement. (Ord. 11 septembre 1822, art. 1.er)

8. Toute voiture publique dont la caisse est supportée par des soupentes en cuir, fer, bois, ou toute autre matière disposée de façon à rendre ladite caisse isolée ou détachée de son train ou brancard, ou qui reçoit du jeu ou du balancement par un moyen quelconque, doit être considérée comme suspendue, et par conséquent assujettie au droit de 25 cent. établi en faveur des maîtres de poste. (*Id.* art. 2.)

9. Les entrepreneurs de voitures publiques qui parcourent des routes sur lesquelles il n'existe point de ligne de poste, ne sont point assujettis à payer le droit de 25 centimes aux maîtres de poste des lieux de leur départ. (Déc. 10 brumaire an 14, art. 1.er)

10. Ceux desdits entrepreneurs qui parcourent des routes sur lesquelles il existe une ligne de poste, mais dont des relais sont démontés, sont tenus de payer le droit de 25 centimes jusqu'au premier relais vacant seulement, à moins que la

communication ne soit maintenue entre les relais placés des deux côtés de celui ou de ceux démontés. (*Id.* art. 2; — Déc. 6 juillet 1806, art. 4.)

11. Les entrepreneurs de voitures publiques qui ne relayent pas, mais qui, à certaines distances, et sans attendre au moins six heures, se versent réciproquement les voyageurs qu'ils conduisent, sont assujettis au payement du droit. (Déc. 6 juillet 1806, art. 5.)

Mais il est nécessaire que le versement réciproque des voyageurs soit concerté. Car si les voyageurs ne passaient d'une voiture dans une autre que par l'effet du pur hasard, sans concours ni intelligence, et sans intention de faire fraude aux maîtres de poste, les entrepreneurs seraient affranchis du payement de l'indemnité envers ces derniers. Cass. rejet, 23 décembre 1807, Répert. Jurispr. *V.*° POSTES, § 4, n.° 4, et S. 1807, 2, 1252.

On n'est pas censé relayer dès le moment qu'on parcourt avec les mêmes chevaux toute la distance qui sépare le lieu de l'arrivée du lieu du départ. En d'autres termes, de cela que le retour a été effectué avec des chevaux différens, on ne peut pas dire que ce soit là un relais dans le sens de la loi, qui n'a voulu parler que du changement de chevaux sur un point intermédiaire entre ceux du départ et ceux de l'arrivée par ces mots : *Allant* avec les mêmes chevaux (1), et non point *allant et retournant*, et ainsi qu'on doit l'entendre aussi

(1) *Voy.* le n.° 5.

par les termes de l'ordonnance du 13 août 1817, *marchant* à petites journées. Arr. de Nancy et de Cass. cités plus haut.

12. Tout entrepreneur du transport des dépêches qui fait son service par relais, et qui mène des voyageurs, est assujetti au payement du droit, s'il fait son service avec des voitures suspendues intérieurement ou extérieurement. (Déc. 10 brumaire an 14, art. 5.)

13. Les entrepreneurs de voitures qui sont astreints au droit de 25 centimes, y sont pareillement assujettis pour les cabriolets qu'ils font partir, lorsque leurs voitures sont remplies de voyageurs. (*Id.* art. 6.)

14. Les entrepreneurs de voitures publiques qui, dans le trajet desdites voitures d'un lieu de départ à un lieu d'arrivée, leur font quitter en partie la ligne de poste pour parcourir des routes de traverse pendant une portion de ce trajet, sont assujettis à payer le droit de 25 centimes aux maîtres de poste, qui s'en trouvent frustrés par cette déviation. (Déc. 6 juillet 1806, art. 1.er)

15. L'administration des postes fait

déterminer l'étendue précise de la déviation réelle desdites voitures, telle qu'elle vient d'être définie. Lorsque cette déviation s'élève à plus de trois postes, les entrepreneurs de ces voitures ne sont pas tenus de payer le droit pour une étendue plus considérable, et dans ce cas, le montant du droit payé pour ce *maximum* de trois postes est réparti entre tous les maîtres de poste qu'on évite par la déviation. Le partage en est fait entre eux, proportionnellement aux distances qu'ils ont à desservir. (*Id.* art. 2.)

SECTION IV.

Formalités à remplir par les Entrepreneurs de Diligences ou Messageries qui veulent employer les chevaux de poste.

1. Tout entrepreneur de diligences ou messageries, voyageant en relais, qui, pour ne pas payer le droit de 25 cent.es par cheval et par poste, veut employer les chevaux de poste, est tenu d'en faire la déclaration au directeur général des postes à Paris, ou au directeur de la poste du lieu de son domicile. (Déc. 30 floréal an 13, art. 1.er)

2. Il met par écrit ses propositions, qui sont débattues et arrêtées par le directeur général des postes, et soumises à l'approbation du ministre des finances. (*Id.* art. 2.)

3. Dans les arrangemens résultant desdites propositions, doivent être déterminés le poids des voitures, le nombre et le prix des chevaux à payer par les entrepreneurs des diligences et messageries. (*Id.* art. 3.)

CHAPITRE II.

DES VOITURES DE ROULAGE.

SECTION I.re

De la Longueur des Essieux.

1. La longueur des essieux, pour toute espèce de voitures, même de culture et de labourage, ne peut jamais excéder deux mètres cinquante centimètres (toise — pied — pouces — lignes — points 1......... 1......... 8......... 4......... 3) entre les deux extrémités, et chaque bout ne

peut saillir au delà des moyeux de plus de six centimètres (pouces — lignes — points 2.......... 2.......... 7). (Déc. 23 juin 1806, art. 16.)

2. Quant aux voitures qui sont construites sur des voies inégales (1), l'essieu de derrière ne peut excéder les proportions déterminées par la disposition précédente, et celui de devant doit être raccourci à la quantité nécessaire pour établir l'inégalité de la voie. (*Idem*, art. 17.)

3. Les contraventions à la longueur des essieux sont punies de l'amende de 15f, conformément à ce qui est ordonné par le réglement du 4 mai 1624. (*Idem*, art. 28.)

SECTION II.

Forme des Clous des Bandes.

1. Les défenses d'employer des clous à tête de diamant sont toujours en vigueur. Tout clou des bandes doit être

(1) On appelle voitures à voies inégales, celles dont la longueur de l'essieu de derrière excède celle de l'essieu de devant; d'où il suit qu'il n'y a que les voitures à quatre roues qui puissent avoir des voies inégales.

rivé à plat, et ne peut, lorsqu'il a été posé à neuf, former une saillie de plus d'un centimètre. (*Id.* art. 18.)

2. Les contraventions sur le fait des clous des bandes sont punies de l'amende de 15f, conformément à l'art. 7 de l'arrêté du conseil d'état, du 28 décembre 1783. (*Id.* art. 29.)

SECTION III.

De la Largeur des Jantes.

1. La circulation des voitures à *jantes étroites*, de moins de onze centimètres (environ 4 pouces 1 ligne), est interdite, lorsqu'elles sont attelées de *plus d'un cheval.* (L. 7 ventôse an 12, art. 1.er)

En sorte que les voitures de roulage, attelées de plus d'un cheval, doivent nécessairement avoir des jantes de onze centimètres de largeur au moins; et alors elles rentrent, pour le poids du chargement, dans la disposition de l'art. 3 du décret du 23 juin 1806, rapporté sous le n.o 1, sect. 5.

Les chevaux attelés momentanément comme aide ou renfort ne comptent pas. Ainsi, une voiture ne cesse pas d'être réputée à un seul cheval, bien que le voiturier en ait attelé plusieurs en un moment difficile. Ord. C. d'ét. 28 juillet 1820, S. 1821, 2, 87.

La disposition de l'art. 1.er de la loi du 7 ventôse an 12, qui déterminait le *minimum* de la largeur des jantes des voitures de roulage sur le nombre de chevaux, a été abrogée par l'art. 3 du décret précité du 23 juin. Aujourd'hui donc, la largeur des jantes ne dépend plus du nombre de chevaux, mais du poids du chargement. Ainsi, quant aux voitures dont les jantes ont au moins onze centimètres, ce n'est pas le nombre de chevaux, mais l'excès du poids qui peut seul les constituer en contravention. Ord. C. d'ét. 19 mars 1823, Bulletin des lois, 1.er semestre de 1823, pag. 257.

2. Sont exceptées de l'obligation d'avoir des jantes larges les voitures employées à la culture des terres, au transport des récoltes et à l'exploitation des fermes. (L. 7 ventôse an 12, art. 8; — Déc. 23 juin 1806, art. 8.)

Un décret du 3 mai 1810 a interprété cet article exceptionnel, en ce sens qu'il ne doit en être fait application qu'aux voitures employées à transporter les objets récoltés, depuis le lieu où ils sont recueillis, jusqu'à celui où pour les conserver le cultivateur les dépose et rassemble; mais non aux voitures que les cultivateurs emploient au transport de leurs grains battus, dans un marché public, dans le but de les livrer à la consommation ou au commerce. Ord. conforme du C. d'ét. 20 octobre 1819, S. 1821, 2, 216.

Les conseils de préfecture sont seuls compétens pour connaître des contraventions résultant du défaut de largeur des jantes des roues des voitures. Ord. C. d'ét. 23 mai 1825, Tajan, t. 13, p. 414.

SECTION IV.

De la Vérification de la Largeur des Bandes.

1. Les préposés aux ponts à bascule sont chargés de vérifier la largeur des bandes des roues. Cette vérification se fait gratuitement, au moyen des jantes en fer qui sont remises à chaque bureau par l'administration des ponts et chaussées. (Déc. 23 juin 1806, art. 19.)

Tout autre moyen de vérification n'est pas interdit pendant le trajet parcouru et sur des points éloignés de ces bureaux, puisque ce serait interdire aux maires, adjoints, ingénieurs, conducteurs, commissaires de police, gendarmes et préposés aux contributions indirectes et aux octrois, le droit qu'ils ont (*voy.* chap. 3, n.° 1) de constater les contraventions, en l'absence des préposés aux ponts à bascule, et sur tous les points de la route. Ord. 4 février 1824.

2. Il est accordé, lors de la vérification, une tolérance d'un centimètre (4 lignes 5 points) sur la largeur des bandes. (Déc. 23 juin 1806, art. 20.)

3. Les propriétaires de voitures et les rouliers peuvent faire vérifier, par les préposés aux ponts à bascule, la largeur

des bandes de leurs voitures, et en retirer un certificat, pour lequel ils payent un franc, timbre du papier compris. (*Id.* art. 21.)

4. Ce certificat ne vaut que pour servir de règle privée aux rouliers, et ne peut être opposé comme preuve du contraire dans les procès-verbaux de contravention sur la largeur des bandes. (*Id.* art. 22.)

5. Indépendamment des jauges qui sont distribuées aux préposés chargés des ponts à bascule, le ministre de l'intérieur en fait déposer dans les chefs-lieux des départemens et des arrondissemens, afin que tous maîtres de forges, charrons, maréchaux, commissionnaires de roulage, propriétaires de voitures et rouliers puissent s'en pourvoir pour leur usage; elles sont délivrées au simple prix de leur fabrication. (*Id.* art. 23.)

6. Les contrevenans à la disposition tracée sous le n.° 1 de la sect. 3, relative à la fixation de la largeur des jantes des roues, sont arrêtés au premier pont à bascule où la contravention est constatée, ou par le premier officier de police.

Si ce pont est placé, ou si la voiture est arrêtée aux portes d'une ville, les roues sont brisées, d'après un arrêté pris à cet effet par le sous-préfet de l'arrondissement, et le voiturier doit être condamné à payer 50f à titre de dommages. (L. 7 ventôse an 12, art. 3, 4; — Déc. 23 juin 1806, art. 1.er)

7. Dans les cas où le pont à bascule serait placé, ou la voiture arrêtée dans un lieu isolé, le voiturier pris en contravention peut consigner les dommages entre les mains du préposé saisissant, et continuer sa route, mais seulement jusques à la ville la plus voisine, qui lui est désignée par un passavant délivré par ledit préposé : dans cette ville, ses roues doivent être brisées, conformément à ce qui vient d'être dit. (Déc. 23 juin 1806, art. 2.)

SECTION V.

Fixation du Poids des Voitures de roulage.

1. Le poids des voitures de roulage,

compris voiture, chargement, paille, corde, bâche, est fixé ainsi qu'il suit :

Pendant cinq mois, à compter du 1.er novembre jusqu'au 1.er avril, le poids des charrettes et voitures à deux roues, avec des bandes de 11 centimètres (1) de largeur, ne peut excéder........................ 2,200 kilog.
Bandes de 14 centimètres (2)... 3,400
Bandes de 17 (3).................. 4,800
Bandes de 25 (4)................. 6,800.

Pendant les sept autres mois de l'année, le poids des charrettes à bandes de 11 centimètres ne peut excéder...................... 2,700 kilog.
Bandes de 14 centimètres....... 4,100
Bandes de 17........................ 5,800
Bandes de 25........................ 8,200.

Pendant les cinq mois, à compter du 1.er novembre jusqu'au 1.er avril, le poids des charrettes et voitures à 4 roues et à voies inégales, avec bandes de 11 centim.es, ne peut excéder... 3,300 kilog.
Bandes de 14 centimètres....... 4,700
Bandes de 17........................ 6,700
Bandes de 22 (5).................. 8,700.

---

(1) Pouces — lignes — points.
4........... 0........... 9.

(2)... 5........... 2........... 0.

(3)... 6........... 4........... 0.

(4)... 9........... 3........... 0.

(5)... 8........... 1........... 7.

Pendant les sept autres mois, le poids des chariots à bandes de 11 centimètres ne peut excéder........................... 4,000 kilog.

Bandes de 14 centimètres........ 5,700

Bandes de 17........................ 8,100

Bandes de 22........................ 10,500.

(*Id.* art. 3; — Instruction du Direct. gén. des ponts et chaussées, du mois de juin 1806.)

2. Il est fait une exception en faveur des chariots dont les voies sont inégales, c'est-à-dire, lorsque la voie de derrière excède celle de devant dans les proportions suivantes, et que ces proportions se trouvent également entre la longueur des essieux d'une échantignole à l'autre.

Pendant les cinq mois d'hiver, chariots, bandes de 11 centimètres, avec excès de largeur, pour la voie de derrière, de 12 centimètres (1)........................ 3,700 kilog.

Bandes de 14 centimètres, excès de largeur de 16 (2)................ 5,200

Bandes de 17 centimètres, excès de largeur de 19 (3)............... 7,400

Bandes de 22 centimètres, excès de largeur de 24 (4)................ 9,500.

---

(1) Pouces — lignes — points.
4.......... 5............ 2.

(2)... 5.......... 10............ 11.

(3)... 7.......... 0............ 5.

(4)... 9.......... 10............ 5.

Les mêmes chariots, pour les sept mois d'été, et avec les excès de largeur de voie ci-dessus déterminés :

Bandes de 11 centimètres........	4,400 kilog.
Bandes de 14.....................	6,200
Bandes de 17.....................	8,800
Bandes de 22.....................	11,400.

(Déc. 23 juin 1806, art. 4.)

3. Les propriétaires de voitures à 4 roues, ou rouliers, qui voudront, en exécution de la disposition précédente, user de la faculté d'obtenir un plus fort chargement, en construisant ces voitures avec des voies inégales, peuvent constater, une première et seule fois, à l'un des bureaux des ponts à bascule, que la construction du chariot est conforme aux conditions imposées par ladite disposition. Ils sont affranchis de toute vérification ultérieure en présentant ce certificat, sauf néanmoins les cas où, contre la teneur dudit certificat, il serait reconnu que la voiture n'est point à voies inégales, qu'il a été fait des changemens, soit à la longueur des essieux, soit à la distance des échantignoles. (*Id.* art. 24.)

4. Il est accordé, lors de cette vérification, une tolérance de 5 centimètres

(pouce — lignes — points 1......... 10......... 2) sur la longueur des essieux, en compensation du frottement qui aurait usé les échantignoles. (*Idem*, art. 25.)

5. Il est accordé pareillement une tolérance sur le poids ci-dessus fixé des charrettes et des chariots, pour suppléer aux cas où les roues et les voitures seraient surchargées de boue, et où leur bachage et même leur chargement seraient imprégnés d'eau.

La tolérance est uniforme pour toutes les saisons et pour toutes les largeurs de bandes; elle est fixée à 200 kilogram.es en faveur des charrettes, et à 300 pour les chariots. (*Id.* art. 5.)

6. Le poids des voitures employées à la culture des terres, au transport des récoltes, à l'exploitation des fermes, et qui, par l'art. 8 de la loi du 7 ventôse an 12 (*voy.* le n.° 2, sect. 3), sont exceptées de l'obligation d'avoir des roues à jantes larges, ne peut, lorsqu'elles fréquentent les grandes routes, excéder dans aucun cas 4,000 kilogrammes, chargement compris. (*Id.* art. 8.)

7. Les objets indivisibles, tels que

pierres, marbres, arbres, et autres dont le poids ne peut être diminué, sont exceptés des dispositions qui précèdent, et peuvent être transportés par des voitures dont la dimension des jantes serait inférieure aux largeurs déterminées.

Néanmoins, les préfets sont autorisés à appliquer les dispositions qui précèdent aux voitures habituellement employées à l'exploitation des carrières, et à celles des forêts. Les propriétaires de ces voitures sont tenus d'obtempérer aux réglemens des préfets, sous les peines portées par la loi du 7 ventôse an 12. (*Id.* art. 9.) *Voy.* les n.os 6 et 7, sect. 4.

SECTION VI.

Pesage des Voitures.

1. La vérification du poids des voitures désignées ci-dessus est faite gratuitement, au moyen des ponts à bascule.

Lorsqu'il y a lieu à la vérification du poids des voitures employées à la culture, elle se fait également par le moyen des ponts à bascule, si elles passent sur le point où ils sont placés. (*Id.* art. 10.)

2. Les voitures vides, et celles dont la modicité du chargement apparent ne donnerait lieu à aucune présomption de surcharge, ne sont point assujetties à passer sur les ponts à bascule. (*Idem*, art. 11.)

3. Les propriétaires de voitures et les rouliers peuvent, avant de commencer leur voyage, se présenter aux ponts à bascule, pour s'assurer du poids, soit des voitures vides, soit des voitures chargées, et éviter par là de s'exposer à la contravention. Dans ce cas, ils doivent payer aux préposés, à titre d'indemnité, 50c pour une voiture vide, et 1f pour une voiture chargée. (*Id.* art. 12.)

C'est aux propriétaires de voitures et aux rouliers, à déclarer s'ils veulent user de la faculté qui leur est réservée par cet article. Les préposés ne sont point assujettis à les avertir des précautions qu'ils doivent prendre en ce cas; et, en effet, quand une voiture passe devant un pont à bascule, le préposé ignore si c'est le commencement ou la continuation d'un voyage. Ord. C. d'ét. 17 avril 1822.

4. Le chargement de toute voiture parcourant les routes sur des roues dont les jantes seraient de largeur inégale, ne peut être au-dessus du poids déterminé, sur la dimension des jantes les plus étroi-

tes, par le tarif ci-dessus rapporté. *Voy.* le n.° 2 de la sect. 5.

En conséquence, l'excédant de ce poids est réputé surcharge, et les contrevenans sont passibles des amendes prononcées par la disposition ci-après. (Ord. 20 juin 1821, art. 1.er)

5. Les surcharges des voitures mentionnées aux n.os 1 et 2 de la sect. 5, commencent au point où le poids de ces voitures excède celui fixé par ces dispositions, et la tolérance accordée par la disposition n.° 5 de la même section.

En conséquence, les amendes résultant de l'art. 27 du décret du 23 juin 1806, pour excès de chargement, à partir des quantités réglées par les n.os 1 et 2 de la section précédente, et augmentées de la tolérance, doivent être appliquées ainsi qu'il suit :

De	0	à	60	myriagrammes	25f
De	60	à	120	*idem*..........	50
De	120	à	180	*idem*..........	75
De	180	à	240	*idem*..........	100
De	240	à	300	*idem*..........	150
Et au-dessus de			300	*idem*..........	300.

(Ord. 21 mai 1823, art. 1.er)

6. Tout voiturier ou conducteur pris

en contravention pour excédant du poids fixé par les dispositions de la section 5, ne peut continuer sa route qu'après avoir réalisé le payement des dommages, et déchargé sa voiture de l'excédant du poids qui aura été constaté. Jusque-là ses chevaux sont tenus en fourrière à ses frais, ou il fournit caution. (Déc. 23 juin 1806, art. 44.)

On doit remarquer que ces derniers mots *à ses frais*, ne permettraient pas d'accorder au voiturier les dommages-intérêts résultant de la mise en fourrière provoquée par son refus de consigner ou de donner caution, quoique la contestation qu'il pourrait élever relativement au poids de la voiture, à l'amende et à sa quotité, fût définitivement jugée à son avantage. La Cour de cassation, par son arrêt du 25 messidor an 10 (S. 1807, 2, 1256), l'a ainsi jugé à raison d'une contestation sur la taxe de l'entretien des routes, et il y a lieu de penser qu'elle le jugerait de même dans le cas prévu par l'art. 44 du décret du 23 juin 1806, les motifs de décision étant les mêmes.

7. Tout voiturier ou conducteur qui, pour éviter de passer au pont à bascule, se détourne de la route qu'il parcourt, est tenu, sur la réquisition des préposés, de la gendarmerie, ou autres agens qui surveillent le service des ponts à bascule, de conduire sa voiture pour être pesée sur ce pont à bascule. (Déc. 23 juin 1806, art. 43.)

SECTION VII.

De la Plaque à apposer aux Voitures de roulage.

1. Tout propriétaire de voitures de roulage est tenu de faire peindre, sur une plaque de métal, en caractères apparens, son nom et son domicile. Cette plaque doit être clouée en avant de la roue et au côté gauche de la voiture, et ce à peine de 25f d'amende. L'amende est double, si la plaque porte soit un nom, soit un domicile faux ou supposé (1). (*Id.* art. 34; — Ord. C. d'ét. 23 mai 1825, Tajan, tom. 13, pag. 414.)

Les contestations qui peuvent s'élever relativement aux contraventions à cette disposition, doivent être portées, non devant les tribunaux de police correctionnelle, mais bien devant le maire de la commune, ainsi qu'il est dit au chap. 3, n.° 3 et 4, ord. 23 mai 1825 déjà citée; — 20 novembre 1822, Pal. vol. Cons. d'ét., pag. 365; — 22 janvier 1823, même Recueil, pag. 387. Ces ordonnances ont annullé plusieurs arrêtés de conseils de préfecture, qui, malgré la disposition claire et précise rapportée ci-après sous le n.° 4 du chap. 3, s'étaient déclarés incompétens pour prononcer sur le défaut d'apposition de plaque aux voitures.

---

(1) *Voy.* l'art. 12 de l'arrêt du conseil du 28 décembre 1783, qui contenait une disposition semblable.

Les voitures d'exploitation, sur-tout celles qui sont légères et traînées par un seul cheval, sont affranchies de l'obligation d'avoir des plaques. Ord. C. d'ét. 21 mars 1821, Pal. vol. Cons. d'ét., p. 45. Il ne faut pas en effet assimiler les propriétaires locaux, dont les voitures effleurent à peine la grande route, pour le besoin d'acheter et de vendre les objets de consommation, à des rouliers, dont les voitures fatiguent sans cesse les chemins pour des transports mercantiles.

SECTION VIII.

Police.

1. Il est défendu aux préposés au service des ponts à bascule de recevoir eux-mêmes les amendes, ni d'exiger des contrevenans rien au-dessus de l'amende, à peine de destitution et d'être poursuivis comme concussionnaires. (Déc. 23 juin 1806, art. 36.)

2. Il est défendu aux mêmes préposés de faire aucune remise du montant de l'amende, ni de traiter ou de transiger avec les contrevenans, sous peine de destitution, et d'une amende égale à celle qui aurait été encourue. (*Id.* art. 37.)

Les amendes pour contraventions en matière de roulage sont fixes, et non susceptibles de modération. Ord. Cons. d'ét. 21 juin 1826, Recueil de M. Macarel, tom. 8, pag. 343.

3. Toute insulte ou mauvais traitement envers les préposés au service des ponts à bascule est punie de 100f d'amende, en conformité de l'art. 11, tit. 2 de la loi du 3 nivôse an 6, sans préjudice des dommages-intérêts, et de poursuites extraordinaires s'il y a lieu. (Déc. 23 juin 1806, art. 35.)

4. Les autorités civiles et militaires sont tenues de protéger les préposés, de leur prêter main-forte, de poursuivre et faire poursuivre, suivant la rigueur des lois, les auteurs et complices des violences commises envers eux; et ce, tant sur la clameur publique, que sur les procès-verbaux dressés par lesdits préposés, par eux affirmés, et remis par eux à la gendarmerie. (*Id.* art. 41.)

5. Il est en conséquence ordonné à tout gendarme en fonctions de s'arrêter, dans sa tournée, à chaque pont à bascule qui se trouve sur sa route, de recevoir les déclarations que les préposés auraient à lui faire, et de se charger des procès-verbaux des délits qui auraient été commis contre eux, pour les déposer au greffe. (*Id.* art. 42.)

SECTION IX.

Des Exceptions pour le Service militaire.

1. Les voitures de l'artillerie ne sont assujetties ni à la fixation du poids, ni à la largeur des jantes, ni à la longueur des essieux, prescrites par les dispositions que nous avons rapportées.

Ne sont considérées comme voitures d'artillerie que celles qui portent, en caractères apparens, sur une plaque de métal, clouée en avant de la roue et au côté gauche de la voiture, les mots : ARTILLERIE ROYALE.

Les conducteurs desdites voitures doivent être munis d'une feuille de route, certifiant que lesdites voitures sont une propriété de l'état, et indiquant le lieu de leur départ, celui de leur destination et celui de leur chargement.

Ne sont non plus soumis aux mêmes dispositions les chariots, fourgons appartenant aux corps militaires et voyageant à leur suite, lorsque lesdites voitures sont munies d'une plaque indiquant le nom du corps, et lorsque les conducteurs sont porteurs d'une feuille de route conforme à celle prescrite pour les voitures D'ARTILLERIE.

La même disposition est commune aux voitures et chariots d'ambulance des hôpitaux militaires, caissons des vivres et équipages militaires appartenant à l'état.

Ne peuvent dans aucun cas être considérées comme voitures d'artillerie, des corps, des hôpitaux militaires, ou des autres services, celles que les entrepreneurs des transports emploient pour le service des corps de l'artillerie, des hôpitaux militaires, ou des autres services. (*Id.* art. 26.)

CHAPITRE III.

DU CONTENTIEUX EN MATIÈRE DE POLICE SUR LE ROULAGE.

1. LES contraventions, en matière de poids des voitures et de police sur le roulage, sont constatées par les maires ou adjoints, les ingénieurs des ponts et chaussées, leurs conducteurs, les agens de la navigation, les commissaires de

police, les préposés aux droits réunis et aux octrois, et par la gendarmerie. A cet effet, ceux des fonctionnaires publics sus désignés, qui ne prêtent pas serment en justice, le prêtent devant les préfets. (L. 29 floréal an 10, art. 2; — Déc. 18 août 1810, art. 1.er)

2. Les préposés et les fonctionnaires publics, dont il vient d'être parlé, sont tenus d'*affirmer*, devant le juge de paix, les procès-verbaux qu'ils sont dans le cas de rédiger, lesquels ne peuvent autrement faire foi et motiver une condamnation. (Déc. 18 août 1810, art. 2.)

Ces procès-verbaux peuvent aussi être affirmés devant les maires ou leurs adjoints. Le décret du 16 décembre 1811, relatif aux routes en général, a dérogé en cela à celui du 18 août 1810, en réglant par l'art. 112 que les agens chargés de la conservation des routes pourraient affirmer leurs procès-verbaux devant le maire du lieu ou son adjoint. Ord. C. d'ét. 30 mai 1821, Bulletin des lois, 7.e série, n.o 455; — 22 janvier 1823, Pal. vol. C. d'ét., pag. 387.

3. Les contraventions doivent être dénoncées, à Paris, au préfet de police, et dans les autres communes du royaume, aux maires, lesquels rendent, sans frais et sans formalités, une décision provi-

soirement exécutoire, et font, s'il y a lieu, consigner l'amende encourue. (Déc. 23 juin 1806, art. 38; — Ord. 22 novembre 1820, art. 1.er)

4. Il est statué ultérieurement sur lesdites contraventions par le conseil de préfecture du département, soit que les contrevenans exercent ou n'exercent pas leur recours. (Ord. 22 novembre 1820, art. 2.)

5. Le délai, pour former opposition aux jugemens non contradictoires des conseils de préfecture, est de trois mois à dater de la signification, qui en est faite, à la diligence du préfet, au domicile du roulier ou conducteur pris en contravention. (Ord. 9 juillet 1823, art. 1.er)

6. Le recours au conseil d'état, contre les décisions des conseils de préfecture, n'est pas recevable après trois mois du jour où ces décisions ont été notifiées. (Déc. 22 juillet 1806, art. 11.)

On doit remarquer que c'est aujourd'hui un point constant que lorsqu'une décision est rendue par défaut, la partie, avant de se pourvoir au conseil d'état, doit épuiser la voie de l'opposition. Ord. Cons. d'ét. 22 juin 1825, D. 1826, 3, 8.

7. Les préposés ne peuvent être distraits ni déplacés de leur bureau pour suivre les contestations qui peuvent s'élever sur le poids des voitures, sur l'amende et sur sa quotité; il ne sont tenus que d'adresser aux fonctionnaires désignés au n.o 3 un procès-verbal de la contravention; et cependant, ils doivent retenir la voiture jusqu'au paiement ou à la consignation de l'amende, s'il y a lieu. (Déc. 23 juin 1806, art. 39.)

8. Les fonctionnaires désignés ci-dessus peuvent se transporter au bureau, lorsqu'ils le croient nécessaire, pour reconnaître les faits. (*Id.* art. 40.)

9. L'amende encourue pour contravention, en matière de police sur le roulage, doit être versée dans la caisse de la commune où la contravention est constatée; il appartient un quart, dans les amendes, à celui des agens qui l'a constatée, et qui a affirmé et déposé son procès-verbal. Les trois quarts sont versés par le receveur de la commune au receveur de l'enregistrement, et le dernier quart appartient à l'agent qui a constaté la contravention, sur le mandat du préfet et sans autre forme. (*Id.* art. 32.)

CHAPITRE IV.

DE L'ÉTABLISSEMENT DE BARRIÈRES DE DÉGEL.

1. Dans les départemens où il existe des routes pavées, il peut être établi des barrières de dégel, sous l'autorisation du directeur général des ponts et chaussées, et de la manière qui est ci-après expliquée. (Ord. 23 décembre 1816, art. 1.er)

2. Aussitôt que le dégel est déclaré, et que la nécessité d'interrompre la circulation se fait sentir, les ingénieurs en préviennent les sous-préfets, qui ordonnent sur-le-champ la fermeture des barrières. Les arrêtés que prennent à cet effet les sous-préfets, sont adressés sans délai aux maires des communes riveraines ou traversées par la route, pour être publiés et affichés au lieu le plus apparent. (*Id.* art. 2.)

3. Dès que les arrêtés ordonnant la fermeture des barrières ont été publiés, aucune voiture ne peut plus sortir de la

ville, bourg ou village dans lequel elle se trouve; les voitures qui seraient en marche peuvent toutefois continuer leur route jusqu'à la plus prochaine ville ou au plus prochain village, et sont tenus d'y rester jusqu'à l'ouverture des barrières. Dans le cas néanmoins où il ne se trouverait pas dans les bourgs et villages d'auberges propres à les recevoir avec leurs attelages, elles peuvent poursuivre leur marche jusqu'à la couchée ordinaire, ou tout autre lieu plus voisin, qui leur est désigné par le maire de la commune; pour n'être point inquiétés dans leur trajet, les propriétaires ou conducteurs de ces voitures doivent prendre un *laissez-passer* du maire : ce laissez-passer fait mention du motif qui a porté à le délivrer, et ne vaut que pour le jour même. (*Id.* art. 3.)

4. Toute voiture prise en contravention aux dispositions du présent chapitre est arrêtée, et les chevaux mis en fourrière dans l'auberge la plus prochaine; le tout sans préjudice de l'amende, qui peut être prononcée conformément à l'art. 7 ci-après. (*Id.* art. 4.)

5. Peuvent circuler sur les routes, pendant la fermeture des barrières de dégel, 1.° les courriers de malle, et toutes voitures qui en font le service; 2.° Les voitures de toute espèce non chargées; 3.° les voitures de voyage suspendues, étrangères à toute entreprise publique de messageries; 4.° les voitures publiques destinées au transport des voyageurs, toutes les fois que leur poids n'excède pas la quotité fixée par la disposition n.° 6; 5.° toutes voitures attelées d'un ou plusieurs chevaux, pourvu que leur poids n'excède pas celui qui est fixé ci-après. (*Id.* art. 5.)

6. Le poids des voitures publiques destinées au transport des voyageurs ne peut être, pendant tout le cours de la fermeture des barrières de dégel, et dans la circonscription marquée par ces barrières, si les voitures sont à deux roues, que de 800 kilogrammes, et pour les voitures à quatre roues, de 1,800 kilogrammes, chargement compris.

Le poids des voitures de roulage et autres non suspendues, allant au pas, peut être, pour les charrettes, de 900 kilogrammes; pour les chariots et voitures à quatre roues, de 1,500 kilogr.es, y compris le chargement.

Les seules voitures chargées sont assujetties à la vérification et au pesage. (*Id.* art. 6.)

7. Les contraventions pour excès de chargement en temps de dégel, dans la circonscription marquée par les barrières, entraînant la dégradation des routes, donnent lieu à l'amende à titre de dommage, en vertu des art. 4 et 5 de la loi du 29 floréal an 10. *Voy.* Chap. 1.er, sect. 1.re, § 4, n.o 2, et Chap. 2, sect. 6, n.o 5.

Conformément à ladite loi, elle est prononcée administrativement par le conseil de préfecture. (*Id.* art. 7.) *Voy.* les n.os 3 et 4 du chap. 3.

8. Indépendamment de ladite amende, infligée à titre de dommage, le contrevenant est traduit devant le tribunal de simple police, pour y être puni, s'il y a lieu, conformément à l'art. 476 du Cod. pén. (*Id.* art. 8.) *Voy.* le n.o 2 du chap. suivant.

9. Les violences exercées contre tout agent de la force publique, ou autre appelé à constater les contraventions à la police du roulage, sont poursuivies et punies, selon qu'il est établi par le Code pénal, art. 230, 231, 232 et 233 (1). (*Id.* art. 9.)

10. L'ordre de rouvrir les barrières est délivré par le préfet, sur l'attestation de l'ingénieur en chef des ponts et chaussées, constatant que les routes sont suffisamment raffermies pour ne plus souffrir de la pression des voitures lourdement chargées.

Le jour déterminé pour cette ouverture, et le lendemain, les voitures ne peuvent partir des lieux où elles étaient retenues que deux à la fois, et à une heure d'intervalle. L'ordre à suivre pour le départ est fixé d'après celui de l'arrivée de chaque voiture, de manière à ce que les premières rendues partent aussi les premières; à cet effet, les propriétaires ou conducteurs de ces voitures doivent

(1) Ces articles prononcent l'emprisonnement, la peine de la réclusion ou la peine de mort, suivant les cas et les circonstances qui y sont exprimés.

se transporter à la mairie, pour y faire prendre note de l'heure de leur arrivée dans la commune. Le maire ou son adjoint préside au départ; en conséquence, les préposés aux barrières de dégel ne laissent passer, le jour de l'ouverture des barrières et le lendemain, que deux voitures à la fois et à une heure d'intervalle. (*Id.* art. 10.)

11. Le service des barrières de dégel est fait par ceux des piqueurs des ponts et chaussées qui restent sans emploi pendant l'hiver, ou, à leur défaut, par les agens spéciaux désignés par l'ingénieur en chef. (*Id.* art. 11.)

CHAPITRE V.

EXTRAIT DU CODE PÉNAL, CONCERNANT LES VOITURIERS OU LEURS PRÉPOSÉS, EN MATIÈRE DE CRIMES, DÉLITS OU CONTRAVENTIONS.

---

1. Sont punis d'amende, depuis 6f jusqu'à 10f inclusivement :

Les rouliers, charretiers, conducteurs de voitures quelconques, qui contreviennent aux réglemens par lesquels ils sont obligés de se tenir constamment à portée de leurs chevaux et de leurs voitures, et en état de les guider et conduire; d'occuper un seul côté des rues, chemins ou voies publiques, de se détourner ou ranger devant toutes autres voitures, et à leur approche de leur laisser libre au moins la moitié des rues, chaussées, routes et chemins (1);

Ceux qui violent les réglemens contre le chargement, la rapidité ou la mauvaise

(1) L'art. 5 d'une ordonnance rendue par le bureau des finances de la généralité de Paris, le 2 août 1774, ordonne l'exécution des réglemens du conseil des 23 mai 1718, 1.er avril et 27 juillet 1723, et 8 juin 1727; en conséquence, il défend aux rouliers et voituriers de...... dormir dans leurs voitures, de les abandonner ou de s'en écarter de manière à ne pouvoir y veiller continuellement, et d'embarrasser la voie publique, en s'arrêtant et assemblant leurs voitures devant les portes des auberges; le tout à peine d'amende pour la première fois, et de confiscation des voitures, chevaux et marchandises, en cas de récidive.

L'art. 6 de la même ordonnance défend aux mêmes rouliers ou voituriers...... de déposer ou laisser séjourner sur les grands chemins aucun cheval mort ou d'autres charognes; et il leur enjoint de transporter ces sortes de choses à 300 toises au moins du chemin, sous peine d'une amende de 100 livres, payable solidairement par les maîtres et par les domestiques.

direction des voitures. (C. pén. art. 475, n.os 3 et 4.)

2. Suivant les circonstances, outre l'amende portée en la disposition précédente, l'emprisonnement peut être prononcé pendant trois jours au plus contre les rouliers, charretiers, voituriers et conducteurs en contravention; contre ceux qui contreviennent à la loi par la rapidité, la mauvaise direction ou le chargement des voitures. (C. pén. art. 476.)

3. La peine de l'emprisonnement, pendant cinq jours au plus, est toujours prononcée en cas de récidive contre les personnes dont il vient d'être parlé. (*Id.* art. 478.)

4. Sont punis d'une amende de 11f à 15f inclusivement,

Ceux qui ont occasionné la mort ou la blessure des animaux ou bestiaux appartenant à autrui, par la rapidité, la mauvaise direction ou le chargement excessif des voitures. (*Id.* art. 479, n.o 2.)

5. En cas de récidive, la peine d'emprisonnement pendant cinq jours doit toujours être appliquée. (*Id.* art. 482.)

6. Il y a récidive dans les cas prévus par les dispositions qui précèdent, lorsqu'il a été rendu contre le contrevenant, dans les douze mois précédens, un premier jugement pour contravention de police, commise dans le ressort du même tribunal. (*Id.* art. 483.)

7. Sont punis de la peine de la réclusion (1), le voiturier ou ses préposés, convaincus d'avoir volé tout ou partie des choses qui leur étaient confiées à ce titre. (*Id.* art. 386; — L. 25 juin 1824, art. 3.)

8. Les voituriers, ou leurs préposés, qui auraient altéré des vins ou toute autre espèce de liquides ou de marchandises, dont le transport leur avait été confié, et qui auraient commis cette altération par le mélange de substances malfaisantes, sont punis de la peine portée en la précédente disposition.

---

(1) Quiconque a été condamné à la peine de la réclusion, est enfermé dans une maison de force. Avant de subir sa peine, il est attaché au carcan sur la place publique. Il y demeure exposé aux regards du peuple durant une heure. — La durée de la peine de la réclusion est au moins de cinq années, et de dix ans au plus. (Cod. pén., art. 21 et 22.)

S'il n'y a pas eu mélange de substances malfaisantes, la peine est un emprisonnement d'un mois à un an, et une amende de 16f à 100f (C. pén. art. 387.)

CHAPITRE VI.

DÉFENSE FAITE AUX VOITURIERS D'EMPIÉTER SUR LES ATTRIBUTIONS DE LA POSTE AUX LETTRES.

1. Les lois des 29 août 1790, art. 4, 21 septembre 1792, et l'arrêté du 26 vendémiaire an 7, doivent recevoir leur exécution. En conséquence, il est défendu à tous les entrepreneurs de voitures libres, aussi-bien qu'à toute autre personne étrangère au service des postes, de s'immiscer dans le transport des lettres, journaux, feuilles à la main et ouvrages périodiques, paquets et papiers du poids d'un kilogramme (2 livres) et au-dessous, dont le port est exclusivement confié à l'administration des postes aux lettres. (L. 27 prairial an 9, art. 1.er)

Il faut observer, à l'égard du transport des lettres, que la loi ne faisant point de distinction entre les lettres cachetées et les lettres non cachetées, il y a lieu, dans l'un et l'autre cas, à l'application des mêmes peines de droit. Cass. 18 février 1820, S. 1820, 1, 227; — 8 décembre 1820, S. 1821, 1, 211.

Mais la prohibition ne s'applique point aux simples billets non cachetés. Paris, 10 mars 1826, D. 1827, 2, 32. L'arrètiste fait néanmoins observer qu'il serait fort douteux que cette décision, toute équitable qu'elle paraisse au fond, reçût la sanction de la Cour suprême. L'arrêt précité est également rapporté au Mémorial de Jurisprudence de M. Tajan, tom. 15, pag. 144.

La disposition prohibitive de l'art. de la loi du 27 prairial devrait-elle recevoir application, dans le cas où un messager serait trouvé porteur de lettres missives à l'adresse de diverses personnes d'un lieu *où il n'existe pas de bureau de poste?* La négative résulte d'un jugement du tribunal correctionnel de Rennes. Le tribunal a considéré que le commissionnaire prévenu n'avait fait que ce que l'administration ne pouvait faire elle-même, qu'il ne s'était donc pas immiscé dans son service (1).

2. Sont seuls exceptés de la prohibition ci-dessus, les sacs de procédure, les papiers uniquement relatifs au service personnel des entrepreneurs de voitures, et les paquets au-dessus du poids de deux livres. (L. 27 prairial an 9, art. 2.)

Il importe aux entrepreneurs de voitures, en inscrivant sur leurs registres les paquets au-des-

---

(1) Ce jugement est rapporté dans le n.° de l'Echo du Midi, du mardi 2 octobre 1827.

sous du poids de 2 livres, *contenant papiers d'affaires*, de se servir des expressions sacramentelles de la loi; la prudence exige donc qu'ils abandonnent l'usage où ils sont de désigner sur leurs registres *comme papiers d'affaires*, ce que l'art. 2, précité de l'arrêté du 27 prairial, désigne sous le titre de *sacs de procédure*. Cette différence de désignation pourrait être considérée comme une contravention à cet arrêté, et les rendre passibles des peines qu'il porte. *Voy.* l'arrêt de la Cour de cassation du 9 septembre 1826, Tajan, t. 14, p. 76.

3. Pour assurer l'exécution de la disposition prohibitive contenue en l'art. 1.er précité de la loi du 27 prairial an 9, les directeurs, inspecteurs et sous-inspecteurs des postes, les employés des douanes aux frontières et la gendarmerie, sont autorisés à faire ou faire faire toutes perquisitions et saisies sur les messagers, voitures de messageries et autres de même espèce, afin de constater les contraventions, à l'effet de quoi ils peuvent, s'ils le jugent nécessaire, se faire assister de la force armée. (L. 27 prairial an 9, art. 3.)

4. Les procès-verbaux sont dressés à l'instant de la saisie; ils contiennent l'énumération des lettres et paquets saisis, ainsi que leurs adresses; copies en sont remises avec lesdites lettres et paquets saisis en fraude; savoir, à Paris, à l'admi-

nistration des postes, et, dans les départemens, au bureau du directeur des postes le plus voisin de la saisie (*id.* art. 5), pour ces lettres et paquets être expédiés en rebut à Paris, d'où ils ne peuvent être rendus que sur réclamation, et à la charge de payer le double de la taxe ordinaire. (Déc. 2 messidor an 12.) Les susdits procès-verbaux sont de suite adressés au procureur du Roi près le tribunal de première instance de l'arrondissement, par les préposés des postes, pour poursuivre contre les contrevenans la condamnation de l'amende de 150f au moins, et de 300f au plus par chaque contravention. (L. 27 prairial an 9, art. 5.)

5. Le paiement de cette amende, dont il ne peut, dans aucun cas et sous quelque prétexte que ce soit, être accordé de remise ou de modération, est poursuivi à la requête des procureurs du Roi près les tribunaux, et à la diligence des directeurs des postes contre les contrevenans, par saisie et exécution de leurs établissemens, voitures et meubles, à défaut de paiement dans les dix jours du jugement qui est intervenu. (*Id.* art. 6.)

6. Le paiement est effectué à Paris à la caisse générale de l'administration des postes; et, dans les départemens, entre les mains du directeur des postes qui a reçu les objets saisis. (*Id.* art. 7.)

7. Le produit des amendes appartient, savoir, un tiers à l'administration, un tiers aux hospices des lieux, et un tiers à celui ou à ceux qui ont découvert et dénoncé la fraude, et à ceux qui ont coopéré à la saisie. Ce tiers est réparti entr'eux par égale portion; ils en sont payés par le directeur des postes, chargé du recouvrement de l'amende, et à Paris, par le caissier général de l'administration des postes, d'après un exécutoire qui est délivré à leur profit par le procureur du Roi. (*Id.* art. 8.)

8. Les maîtres de poste, les entrepreneurs de voitures libres et messageries, sont personnellement responsables des contraventions de leurs postillons, conducteurs, porteurs et courriers, sauf leur recours contre ces derniers. (*Id.* art. 9.)

CHAPITRE VII.

DES COMMISSIONNAIRES (1) POUR LES TRANSPORTS PAR TERRE.

1. Le commissionnaire qui se charge d'un transport par terre, est tenu d'inscrire sur son livre-journal la déclaration de la nature et de la quantité des marchandises, et, s'il en est requis, de leur valeur. (Cod. com. art. 96.)

2. Il est garant de l'arrivée des marchandises et effets dans le délai déterminé par la lettre de voiture, hors les cas de la force majeure légalement constatée. (*Id.* art. 97.)

La force majeure doit être constatée dans le lieu où elle se manifeste Colmar, 6 janvier 1815, Pal., tom. 3 de 1815, pag. 147.

Un commissionnaire de roulage, coupable de négligence dans l'envoi des effets qui lui sont con-

(1) « Le commissionnaire, porte l'article 91, C. com., est celui qui agit en son propre nom, ou sous un nom social pour le compte d'un commettant. » Le commettant est celui qui donne la commission.

fiés, doit garantir son expéditeur des condamnations que ce dernier a subies par suite de cette négligence. Cass. rejet. 26 août 1812, Pal., tom. 2 de 1814, pag. 214.

3. **Le commissionnaire est garant des avaries ou pertes de marchandises et effets, s'il n'y a stipulation contraire dans la lettre de voiture, ou force majeure. (Cod. com. art. 98.)**

Le commissionnaire est tenu, à peine de responsabilité, de vérifier si les effets, dont il entreprend le transport, sont de la quantité et de la qualité énoncées dans la lettre de voiture. Il ne lui suffirait pas de prouver qu'il a fidèlement transporté et remis ce qu'il avait reçu. La lettre de voiture le constitue dans l'obligation de remettre tout ce qui lui est énoncé, sans qu'il lui soit permis d'exciper d'erreur commise dans les magasins du lieu du départ. Cass. 20 mai 1818, S. 1818, 1, 566.

Le commissionnaire de roulage, à qui on annonce un envoi de marchandises, et qui, après avoir reçu de bonnes lettres de voiture, garde les marchandises et ne fait pas connaître ses intentions de ne pas s'en charger, est censé par cela seul accepter le mandat. Il répond, en conséquence, de la perte des marchandises. Rennes, 2 juillet 1811, S. 1813, 2, 103.

Le commissionnaire de roulage qui, devant expédier des marchandises pour le compte d'autrui, a joint au chargement une caisse contenant des acides nitreux et des huiles à vernis, est responsable de l'incendie des marchandises, occasionné par le contact des acides. Alors il y a faute et négligence imputable au commissionnaire. Paris, 1.er frimaire an 14, S. 1807, 2, 1184; — Paris, 29 avril 1819, S. 1820, 2, 249.

Les condamnations prononcées contre les commissionnaires de roulage, emportent la contrainte par corps. Paris, 1.er germinal an 13, S. 1805, 2, 564; — Pal., tom. 11, pag. 189.

4. Le commissionnaire est garant des faits du commissionnaire intermédiaire, auquel il adresse les marchandises. (Cod. com. art. 99.)

5. La marchandise, sortie du magasin du vendeur ou de l'expéditeur, voyage, s'il n'y a convention contraire, aux risques et périls de celui à qui elle appartient, sauf son recours contre le commissionnaire et le voiturier chargés du transport. (*Id.* art. 100.)

Cette disposition n'interdit pas toute action à l'expéditeur contre l'entrepreneur du roulage en cas de perte. Pau, 16 décembre 1814, S. 1816, 2, 62.

Si celui qui a reçu commission d'expédier des marchandises dans un bref délai, les remet à un commissionnaire de roulage pour être transportées dans le délai fixé, son mandat est rempli. Il n'est point responsable envers le mandant du retard qui a lieu par la faute du commissionnaire de roulage. Metz, 16 février 1816, S. 1819, 2, 68.

CHAPITRE VIII.

DE LA LETTRE DE VOITURE.

1. Il se forme entre l'expéditeur (1) et le voiturier, ou entre l'expéditeur, le commissionnaire et le voiturier, un contrat (Cod. com. art. 101) qui ordinairement est constaté par ce qu'on appelle la lettre de voiture, remise à ce dernier, quelquefois en original et quelquefois en copie, qui doit être revêtue des mêmes formes que l'original. Ces formes sont déterminées par l'art. 102 du Code de commerce, en ces termes :

La lettre de voiture doit être datée.

Elle doit exprimer,

La nature et le poids ou la contenance des objets à transporter,

Le délai dans lequel le transport doit être effectué.

Elle indique,

(1) On appelle ainsi celui qui envoie des marchandises à une destination quelconque.

Le nom et le domicile du commissionnaire par l'entremise duquel le transport s'opère, s'il y en a un;

Le nom de celui à qui la marchandise est adressée;

Le nom et le domicile du voiturier.

Elle énonce,

Le prix de la voiture;

L'indemnité due pour cause de retard.

Elle est signée par l'expéditeur ou le commissionnaire;

Elle présente en marge les marques et numéros des objets à transporter.

La lettre de voiture est copiée par le commissionnaire sur un registre coté et paraphé, sans intervalle et de suite.

La peine stipulée dans la lettre de voiture contre le voiturier qui ne se conformerait pas aux conditions qui lui sont imposées, ne l'affranchit pas de la garantie du préjudice qu'il cause par son inexactitude. Cass. rejet, 6 décembre 1814, Pal., tom. 2 de 1815, pag. 521.

L'indemnité d'usage, fixée par la lettre de voiture pour cause de retard, ne doit s'entendre que pour le cas d'un léger retard, qui peut même n'être pas le fait du voiturier. On ne peut considérer cette indemnité comme devant compenser les dommages-intérêts en cas de retard et de pertes considérables, occasionnées par une négligence grossière de la part du commissionnaire. Metz, 16 février 1816, S. 1819, 2, 68.

Une lettre de voiture peut être valablement transmise par la voie de l'endossement. Lyon, 10 janvier 1826, S. 1826, 2, 175.

2. Les lettres de voiture sont assujetties au timbre de dimension. Mais les parties, pour rédiger ces actes, peuvent se servir de telle dimension de papier timbré qu'elles jugent convenable. (Déc. 3 janvier 1809, art. 1.er)

3. Ne sont point assujettis à se pourvoir de lettres de voiture timbrées, les propriétaires qui font conduire, par leurs voituriers et leurs propres domestiques ou fermiers, le produit de leurs récoltes. (*Id.* art. 2.)

4. Les préposés des douanes, et les préposés à la perception des droits d'octroi, sont tenus de se faire représenter les lettres de voiture, à fin de vérification. (Déc. 16 messidor an 13, art. 1.er)

5. En cas de contravention, ils en rédigent des procès-verbaux pour faire condamner les souscripteurs et porteurs solidairement, indépendamment de la restitution des droits fraudés, à une amende de 25f pour la première fois, de 50f pour la seconde, et de 100f pour chacune des

autres récidives. (*Id.* art. 2; — L. 6 prairial an 7, art. 4.)

6. Les préposés sus désignés, ainsi que les préposés de l'enregistrement et des domaines, qui auraient constaté des contraventions de la même nature, profitent de la moitié desdites amendes. (Déc. 16 messidor an 13, art. 3, 4; — Décis. min. fin. 6 juin 1809.)

Le simple refus d'un voiturier de représenter une lettre de voiture, sous prétexte qu'il ne lui en a pas été remis, ne suffit pas pour autoriser les poursuites. Il est nécessaire de produire la preuve matérielle de la contravention, par la représentation de la lettre de voiture écrite sur papier libre. Déc. min. fin. 9 octobre 1810.

CHAPITRE IX.

DE LA RESPONSABILITÉ DES VOITURIERS, SOIT A RAISON DE LEUR PROPRE FAIT, SOIT A RAISON DU FAIT DE LEURS AGENS.

1. Les dispositions que nous allons décrire sont communes aux entrepreneurs de diligences et voitures publiques, et aux propriétaires de voitures de roulage.

(Cod. civ. art. 1786; — Cod. com. art. 107.)

2. Les voituriers sont garans de tous les accidens qui peuvent arriver par leur négligence. (Cod. civ. art. 1383.)

3. Ils sont responsables du dommage causé par leurs préposés, dans les fonctions auxquelles ils les ont employés. (*Id.* art. 1384.)

Lorsqu'un accident dommageable est causé par la rivalité des postillons de deux diligences, la responsabilité porte également sur les entrepreneurs des deux diligences. Il n'y a pas nécessité d'examiner si l'un des deux postillons a été le premier cause de l'accident. Rouen, 24 février 1821, S. 1821, 2, 215. Les tribunaux doivent d'autant plus, en pareille circonstance, s'armer de sévérité, qu'il importe à la sûreté publique de faire cesser une rivalité qui n'a déja produit que de trop sinistres événemens.

Comment doit-on entendre la responsabilité des entrepreneurs de voitures publiques, à raison des contraventions commises par leurs préposés aux lois et réglemens contenant des mesures de police?

Deux arrêts de la Cour de cassation, l'un du 7 février 1822 (S. 1822, 1, 210), l'autre du 31 juillet 1825 (S. 1826, 1, 213), ont jugé que les entrepreneurs de voitures publiques étaient plus que pécuniairement responsables du fait de leurs préposés; qu'ils étaient personnellement passibles des peines de police encourues par ces derniers. Un arrêt postérieur de la même Cour du 18 novembre 1825 (S. 1826, 1, 107) a déclaré, au contraire, que la responsabilité des entrepreneurs de messageries était essentiellement civile, qu'elle ne comportait donc ni amende ni emprisonnement.

4. Les voituriers par terre sont assujettis, pour la garde et la conservation des choses qui leur sont confiées, aux mêmes obligations que les aubergistes, dont il est parlé au titre du dépôt et du séquestre du Code civil. (Cod. civ. art. 1782.)

Or, les obligations des aubergistes, dont il s'agit ici, sont définies par les articles 1953 et 1954, lesquels s'expriment ainsi :

Art. 1953. Les aubergistes sont responsables du vol ou du dommage des effets du voyageur, soit que le vol ait été fait, ou que le dommage ait été causé par les domestiques et préposés de l'hôtellerie, ou par des étrangers allant et venant dans l'hôtellerie.

Art. 1954. Ils ne sont pas responsables des vols faits avec force armée ou autre force majeure.

5. Les voituriers répondent, non-seulement de ce qu'ils ont déjà reçu dans leur voiture, mais encore de ce qui leur

a été remis dans l'entrepôt pour être placé dans leur voiture. (*Id.* art. 1783.)

6. Les voituriers étant, relativement aux effets qui leur sont confiés, de véritables mandataires, doivent veiller à leur conservation, et les remettre à leur destination tels qu'ils les ont reçus du mandant. En conséquence, ils sont responsables de la perte et des avaries des choses qui leur sont confiées, à moins qu'ils ne prouvent qu'elles ont été perdues ou avariées par cas fortuit ou force majeure, ou que les choses n'ont été détériorées que par un vice qui leur était propre. (*Id.* art. 1784; — Cod. com. art. 103.)

Il faut observer que les voituriers ne cessent d'être responsables de la perte des marchandises, même arrivée par cas fortruit, que tout autant qu'il n'y a de leur part ni imprudence, ni négligence, ni incurie, et seulement lorsqu'ils justifient qu'ils ont été dans l'impuissance de prévoir, de prévenir et d'éviter les effets de l'événement qui a causé la perte. Metz, 18 janvier 1815, S. 1819, 2, 78.

Lors même qu'il n'y a que de la négligence à imputer au voiturier, et que l'auteur direct et immédiat du dommage est reconnu et désigné par jugement passé en force de chose jugée, le propriétaire des marchandises peut néanmoins exercer son recours directement contre le voiturier, et celui-ci ne peut forcer le propriétaire à s'adresser à l'auteur principal du dommage. Même arrêt.

Si les voituriers sont responsables des dommages arrivés aux marchandises par des avaries extérieures ou par le manque de soin et d'attention de leur part, il faut du moins que ces marchandises aient été conditionnées et emballées suivant leur importance. Il ne serait pas juste de leur imputer les accidens arrivés par défaut d'emballage et de précaution de la part des expéditeurs (1).

Lorsqu'un voiturier a, par sa faute, détérioré des marchandises ou d'autres objets de manière à les mettre hors de service, il n'en est pas quitte en offrant une indemnité proportionnée à la diminution du prix que l'avarie a causée. On peut le forcer de les prendre à son compte, et d'en payer la valeur, à dire d'experts. P. Paris, 28 septembre 1779, quest. de droit, *V.*° VOITURIER, § 2.

Mais lorsque nonobstant l'avarie qu'ont éprouvée les marchandises dans le transport, elles sont encore susceptibles d'être mises dans le commerce, le propriétaire ne peut refuser de les recevoir, et les laisser au compte du voiturier; il a seulement droit à une indemnité proportionnée au dommage. Metz, 18 janvier 1815, S. 1819, 2, 78.

Les entrepreneurs de diligences ne sont pas responsables des paquets, qui sont remis directement, non à eux-mêmes, mais bien seulement à leurs domestiques. P. Paris 31 janvier 1693, J. aud., t. 5, pag. 655; — Cass. rejet, 5 mars 1811, S. 1811, 1, 178; — Cass. 29 mars 1814, Pal., t. 39, p. 452.

---

(1) L'agence des messageries ne répondra d'aucun événement de force majeure, ni des dommages auxquels pourrait donner lieu tout défaut d'emballage intérieur, ou de précautions quelconques qui dépendent des parties intéressées. L'agence fera seulement mention dans l'enregistrement, et en présence des parties intéressées, de la forme et qualité extérieure de l'emballage. L. 27 nivôse an 3.

La décision serait différente, si le domestique était *préposé* à l'office de recevoir les paquets apportés par le public pour être transportés par le voiturier. Ce serait alors le cas d'appliquer le principe que les voituriers sont responsables du fait de leurs *préposés*.

Quand il s'agit d'effets perdus par une messagerie particulière, mais d'effets non désignés et évalués par le propriétaire lors de l'enregistrement, les tribunaux peuvent discrétionnairement en évaluer, suivant les circonstances, la perte à la somme qu'ils jugent convenable, sur la note que le propriétaire des effets perdus peut donner. Cass. rejet, 13 vendémiaire an 10, et Cass. 6 février 1809, Répert. Jurisp. *V.*o Voiturier : — Lyon, 6 mars 1821, S. 1821, 2, 225; — Paris, 1.er germinal an 13, S. 1805, 2, 564; — Rouen, 20 février 1816, S. 1816, 2, 108. Ces deux derniers arrêts ont été rendus contre des commissionnaires de roulage. Telle était aussi l'ancienne jurisprudence du parlement de Paris, dont on peut voir plusieurs arrêts au Répert. de Jurisp. *V.*o Messagerie.

Il suit de là que les tribunaux ne sont plus liés par l'art. 62 de la loi du 24 juillet 1793, qui avait restreint seulement à 150 f. l'indemnité due pour la perte des effets non désignés et évalués. Cette loi, qui était une dérogation aux règles du mandat, n'avait été introduite qu'en faveur du gouvernement, et lorsque les messageries étaient en régie nationale. Mais la loi du 7 vendémiaire an 6 ayant supprimé les messageries nationales, les entrepreneurs de messageries particulières se sont trouvés soumis au droit commun, et doivent dès-lors être jugés d'après l'ancienne jurisprudence qu'a implicitement confirmée l'art. 1784 du Cod. civ.

On doit observer que, pour que la responsabilité des entrepreneurs soit engagée, il faut que les malles ou paquets aient été inscrits sur leur registre. — Et, en effet, si vous remettez un dépôt à un cocher, sans en faire charger la feuille, et sans vous en assurer, à quel titre, se demandent les auteurs du Nouveau Répertoire, *V.*° Messagerie, § 2, le maître en serait-il garant? Il peut dire n'avoir rien eu à garder, et dans le vrai, il n'a contracté aucun engagement avec vous. Il peut d'ailleurs opposer qu'il y a fraude de votre part, et que vous n'avez omis l'enregistrement que pour avoir du cocher meilleur compte, et frustrer le maître de ses droits. Aussi n'admet-on pas la preuve par témoins contre les voituriers publics qui ont des registres. *Voyez* également le Répertoire, *V.*° Vol, sect. 3, § 3, n.° 3.

Le voyageur qui aurait fait inscrire sur les registres des messageries une malle ou un porte-manteau, sans indiquer en détail les objets qui y sont contenus, pourrait-il, en cas de perte de la malle ou du porte-manteau, réclamer une somme d'argent qu'il dit y avoir renfermée? La négative a été sagement prononcée par deux arrêts, l'un de la Cour de Bruxelles du 28 avril 1810 (S. 1811, 2, 21), l'autre de la Cour royale de Lyon du 6 mars 1821 (S. 1821, 2, 225). Il y a un arrêt conforme du parlement de Paris, du 5 janvier 1627, rapporté au J. des aud. à l'ordre de sa date. La décision contraire ouvrirait la porte la plus large à la fraude et à la mauvaise foi, et donnerait naissance à des réclamations qui, presque toujours, n'auraient d'autres bases que le mensonge et la cupidité des réclamans.

Il importe donc au voyageur de désigner et nombrer avec précision, avant le départ, au bureau de l'entreprise des messageries, les espèces d'or ou d'argent, aussi-bien que les autres objets précieux qu'il sait renfermés dans sa malle ou porte-manteau. Cette désignation est d'autant plus indispensable, que ces objets exigent un soin plus particulier et immédiat de la part du conducteur pour leur conservation, et que c'est à raison de cette surveillance et du péril, qu'il est dû une indemnité proportionnelle à l'entreprise.

Les entrepreneurs de messageries répondent des effets inscrits sur la *feuille de voyage*, encore que ces effets soient transportés *francs de port*, et comme *bagage du voyageur*. Paris, 6 avril 1826, S. 1827, 2, 47. *Voy*. un arrêt conforme de la Cour de cassation du 19 frimaire an 7 (S., tom. 1, 1, 196), qui a déclaré qu'il était dû une indemnité au voyageur dont le sac de nuit a été perdu par le fait du conducteur. Or, dans l'usage, on n'inscrit pas sur les registres des sacs de nuit, qui sont pour les besoins journaliers des voyageurs. Simplement, il en est fait note sur la feuille de route.

Les demandes en paiement du prix d'effets confiés à une diligence par un particulier, et qui ont été perdus, doivent être portées devant les tribunaux ordinaires, à qui seuls il appartient d'en connaître. On ne pourrait raisonnablement soutenir que le dépôt d'un effet par un particulier à une diligence, fût un acte de commerce aux termes des art. 631 et 632 du Cod. com., pour saisir de la réclamation les tribunaux de commerce. Cass. rejet, 20 mars 1811, S. 1811, 1, 195.

Les entrepreneurs de messageries sont responsables par corps de la perte des effets qui leur ont été confiés, à moins qu'elle ne soit arrivée par cas fortuit. Mais ils ont un recours contre les conducteurs, dont la faute ou la négligence a occasionné cette perte. Paris, 19 avril 1809, S. 1809, 2, 394. Cette décision, également applicable, par identité de motifs, aux entrepreneurs de voitures de roulage, est fondée sur la disposition formelle de la loi. Conformément aux art. 1782 et 1952 du Cod. civ., les voituriers sont considérés comme dépositaires des effets apportés par les voyageurs, et le dépôt de ces sortes d'effets est regardé comme un dépôt nécessaire, lequel, aux termes de l'art. 2060, n.° 1 du Cod. civ., entraine la contrainte par corps.

7. Si, par l'effet de la force majeure,

le transport n'est pas effectué dans le délai convenu, il n'y a pas lieu à indemnité contre le voiturier pour cause de retard. (Cod. com. art. 104.)

De son côté, le voiturier ne peut demander un supplément du prix; le retard, dans ce cas, est au risque de chacune des parties.

8. Le voiturier a un privilége sur la chose voiturée, pour les frais de voiture et les dépenses accessoires, tels que les droits de douane, d'entrée, lorsqu'il en a fait l'avance. (Cod. civ. art. 2102, n.o 6.)

Il lui importe donc de ne se dessaisir des objets qu'il a transportés, qu'autant qu'on lui paye sa voiture, ou du moins qu'il sera certain d'en être payé. Son intérêt à ne pas se dessaisir est d'autant plus grand qu'il ne pourrait être admis à prétendre un privilége, à l'exclusion des autres créanciers du propriétaire des marchandises, après qu'elles seraient entrées dans les magasins de celui-ci, sans protestation de sa part.

9. La réception des objets transportés, et le paiement du prix de la voiture, éteignent toute action contre le voiturier. (Cod. com. art. 105.)

10. En cas de refus ou contestation pour la réception des objets transportés, leur état est vérifié et constaté par des experts nommés par le président du tri-

bunal de commerce, ou à son défaut par le juge de paix, et par ordonnance sur pied d'une requête.

Le dépôt ou séquestre, et ensuite le transport dans un dépôt public, peut en être ordonné.

La vente peut en être ordonnée en faveur du voiturier, jusqu'à concurrence du prix de la voiture. (*Id.* art. 106.)

Lorsqu'un voiturier, à son arrivée dans le lieu où il doit, suivant sa lettre de voiture, remettre les paquets ou ballots dont il est chargé, ne trouve pas les personnes à qui ils sont adressés, et qu'en effet elles n'y ont point de domicile ou magasin connu, il suffit, pour sa décharge, qu'il les dépose dans un bureau désigné à cet effet par l'autorité publique; on ne pourrait pas l'en rendre responsable, sous le prétexte qu'avant d'effectuer ce dépôt, il n'a point fait dresser un procès-verbal de perquisition, qui, par l'événement, n'aurait eu aucun résultat. P. Flandre, 13 avril 1785, quest. de droit, *V.*° VOITURIER, § 1.

11. Toutes actions contre le commissionnaire et le voiturier, à raison de la perte ou de l'avarie des marchandises, sont prescrites après six mois, pour les expéditions faites dans l'intérieur de la France, et, après un an, pour celles faites à l'étranger; le tout à compter, pour les cas de perte, du jour où le transport des

marchandises aurait dû être effectué, et pour les cas d'avaries, du jour où la remise des marchandises aura été faite, sans préjudice des cas de fraude ou d'infidélité. (Cod. com. art. 108.)

La prescription de six mois ou d'un an, établie par cette disposition en faveur des commissionnaires de roulage et voituriers, ne s'applique pas à l'action d'un simple particulier qui réclame une malle déposée à un commissionnaire. Cass. rejet 4 juillet 1810, Pal., tom. 2 de 1817, pag. 506.

Les commissionnaires de roulage peuvent invoquer la prescription établie par l'art. 108 du Cod. comm., sans être tenus de constater la perte des marchandises. Il suffit qu'il n'y ait ni fraude, ni infidélité de leur part. Cass. 8 mars 1819, S. 1819, 1, 333.

Lorsqu'une lettre de voiture ne précise pas le délai dans lequel un transport de marchandises doit être voituré, tout délai utile pour la prescription se trouve sans point de départ. L'art. 108 C. com. n'est donc pas susceptible d'une application littérale. Pau, 16 décembre 1814, S. 1816, 2, 62.

CHAPITRE X ET DERNIER.

DE LA MANIÈRE DE PROCÉDER DANS LE CAS OÙ DES BALLOTS, CAISSES, MALLES, PAQUETS, ET TOUS AUTRES OBJETS CONFIÉS A DES ENTREPRENEURS DE ROULAGE OU DE MESSAGERIES, N'AURAIENT PAS ÉTÉ RÉCLAMÉS DANS LES SIX MOIS DE L'ARRIVÉE A LEUR DESTINATION.

---

1. Les ballots, caisses, malles, paquets, et tous autres objets qui auraient été confiés pour être transportés dans l'intérieur du royaume, à des entrepreneurs, soit de roulage, soit de messageries, par terre, lorsqu'ils n'ont pas été réclamés dans le délai de six mois, à compter du jour de l'arrivée au lieu de leur destination, sont vendus par voie d'enchères publiques, à la diligence de la régie de l'enregistrement, et après l'accomplissement des formalités suivantes. (Déc. 13 août 1810, art. 1.er) (1).

---

(1) 1. Seront tenus les particuliers, auxquels on envoie des volailles, du gibier et autres choses

2. A l'expiration du délai qui vient d'être fixé, les entrepreneurs de messageries et de roulage doivent faire, aux préposés de la régie de l'enregistrement, la déclaration des objets qui se trouvent dans le cas de la disposition précédente. (*Id.* art. 2.)

3. Il est procédé par le juge de paix, en présence des préposés de la régie de l'enregistrement, et des entrepreneurs de messageries ou de roulage, à l'ouverture et à l'inventaire des ballots, malles, caisses et paquets. (*Id.* art. 3.)

4. Les préposés de la régie de l'enregistrement sont tenus de faire insérer dans

---

sujettes à corruption, qui ne peuvent leur être portées faute d'adresse ou par l'inexactitude d'icelle, de les venir ou envoyer chercher au bureau, dans les huit jours après l'arrivée d'iceux; sinon permis au préposé de jeter lesdites denrées, en cas qu'elles soient corrompues ou gâtées, desquelles il sera et demeurera déchargé. (Arrêt du conseil du 7 août 1775.)

2. Seront néanmoins exceptés (de la vente) les comestibles, et généralement tous les objets susceptibles de corruption et de dépérissement. La régie est autorisée à jeter les objets dès qu'ils cesseront de pouvoir être gardés, et sans être obligée à aucun dédommagement, mais il en sera tenu registre. (L. 24 juillet 1793, art. 57.)

les journaux, un mois avant la vente des objets non réclamés, une note indiquant le jour et l'heure fixés pour cette vente, et contenant en outre les détails propres à ménager aux propriétaires de ces objets la faculté de les reconnaître et de les réclamer. (*Id.* art. 4.)

5. Il est fait un état séparé du produit de ces ventes, pour le cas où il surviendrait, dans un nouveau délai de deux ans, à compter du jour de la vente, quelque réclamation susceptible d'être accueillie. (*Id.* art. 5.)

6. Les préposés de la régie de l'enregistrement, et ceux de la régie des droits réunis, sont autorisés, tant pour s'assurer de la sincérité des déclarations prescrites ci-dessus, que pour y suppléer, à vérifier les registres qui doivent être tenus par les entrepreneurs de messageries ou de roulage. (*Id.* art. 6.)

FIN.

www.ingramcontent.com/pod-product-compliance
Ingram Content Group UK Ltd.
Pitfield, Milton Keynes, MK11 3LW, UK
UKHW021102260726
13994UKWH00002B/652

9 782329 425634